山东省玉米市场形势分析
（2015—2020）

刘淑云　张晓艳　李乔宇　著

中国农业出版社

北　京

前言

　　国以民为本，民以食为天。粮食是人类赖以生存和发展的必备物质，粮食安全问题始终是一个重要问题，关系到国计民生。粮食安全是经济和社会发展的基础，是政治稳定的重要物质保证。任何时候都要狠抓粮食问题，20 世纪 70 年代，"粮食安全"这一概念正式被提出。自"粮食安全"概念被提出以来，其内涵一直被不断丰富，意义也越来越重大。1972—1974 年，世界各粮食生产国和地区连续发生自然灾害，导致粮食大幅度减产，全球粮价上涨了近 2 倍，许多发展中国家和地区都遭受了严重的粮食短缺。随着时间的推移，粮食安全的概念主要经历了三个阶段的发展变化。我国对粮食安全的认识也经历了不断变化和发展的过程。1994 年，我国政府根据我国具体情况，提出了符合基本国情的"粮食安全"，即"能够提供给所有人数量充足、质量合格、结构合理、生态安全的粮食"。进入 21 世纪之后，我国政府更加重视粮食生产，中央 1 号文件连续多年锁定三农问题。我国人民始终重视粮食问题，这对于经济发展、政治稳定、社会和谐都具有重大而深远的意义。

　　2015 年 9 月，农业部在北京启动玉米等 8 个品种的全产业链农业信息分析预警试点工作。通过试点示范，为当地农业部门了解市场行情、研判市场走势提供数据和技术支持；预警试点工作，成为以市场为导向推动农业"转方式、调结构"的重要信息支撑，不断推动完善农产品价格形成机制。统筹玉米全产业链各环节，研究制定玉米产业信息监测预警指标体系标准，有助于"专业化、规范化"农业信息分析预警团队建设，有助于形成反应迅速，信息内容全面、准确、高效和预警判断准确的工作格局，以更好地服务国际化背景下以市场为导向的农业供给侧结构性改革。全产业链预警工作是全面、准确、及时了解产品情况的重要窗口。月度、季度、年度分析报告定期反映了本行业的发展态势、突出问题以及政策需求等重要信息，成为了解行业动态的重要内容，对政府职能部门调整工作思路及方法，对企业采取针对性的应对措施，起到了潜移默化的引导作用。

2015 年 8 月开始，全国范围内的玉米市场价格发生了大幅度下跌，玉米市场政策也不断推出，包括玉米市场供给侧改革、临储玉米拍卖等。2015—2020 年，山东省玉米市场价格跌宕起伏，价格的走势是市场供需的直接反映，受市场供需节奏的影响，年度间、月度间的价格涨跌和消费量各不同。对市场价格的连续变化进行分析，结合供需节奏，指导农户售粮，同时对玉米种植面积的调整也提出一定的指导建议，在一定范围内保障农户种植收益。

本书以玉米为研究对象，开展玉米生产、流通、加工环节的市场数据信息采集。对玉米市场的发展特点、影响因素、价格走势等进行系统的分析，对可能出现的苗头性风险进行预警预判。书中所阐述的内容，源于我们所承担的山东省农业农村厅市场与经济信息处的全产业链信息分析预警工作。山东省农业农村厅市场与经济信息处的"农业信息分析预警工作"表现突出，成效显著，受到了农业农村部的表彰。

本书共分四章。第一章为 2015—2018 年山东省玉米市场供需报告；第二章为 2019 年山东省玉米市场供需报告；第三章为 2020 年山东省玉米市场供需报告；第四章为山东省玉米产业发展分析与展望，介绍山东历年玉米种植面积和产量变化趋势，玉米近几年价格及消费走势和展望。文中出现的环比和同比数据统计整理时可能有前后不一致的现象，因每月报告截止时间为 25 日，下个月再出现环比统计的话，上个月的数据则按照完整月的数据进行统计整理，在此特做说明。

　　本书的出版得到了农业农村部玉米全产业链农业信息分析预警试点任务的资助，得到了山东省农业农村厅市场与经济信息化处、山东省农业科学院信息研究所及其农业监测预警研究室的大力支持，在此一并表示感谢！

　　由于水平有限，书中不足之处在所难免，敬请读者批评指正。

著　者

2022 年 5 月

目 录

前言

第 一 章

2015—2018 年山东省玉米市场供需报告

2015 年 11 月 11 日召开的国务院常务会议强调，新的一年粮食工作的重点在于去库存及调整优化结构。一边是"十二连丰"下的"国产粮满仓"，一边是再破亿吨的低价进口粮，国内外价格倒挂凸显中国农业竞争力落后的境况，更绷紧了粮食政策调整的神经。由于经历过两次粮食产量下降带来的"巨大波动"，粮食调减是一个极为严肃的话题。粮食产量的"一个下坡、一个上坡"，恢复之路一共走了十年。在粮食供给比较宽松的情况下，调整种植结构时，要向粮食供求平衡态过渡，既不能过度调减，又要把握力度和节奏，挖掘粮食生产新潜力。其重点是推动粮食生产由数量增长为主转到数量、质量、效益并重上来，由依靠资源和物质投入真正转到依靠科技进步和提高劳动者素质上来，实现节本增收。

第一节　2015 年山东省玉米市场供需报告

2015 年，山东省玉米价格下跌达到了 10 年来的最低水平，14%～15% 的玉米单价低至 0.78～0.80 元/斤*。1～3 月，价格反弹回升；3～7 月，玉米价格保持高价平稳态势；8～10 月以来，价格迅速下降至低位，之后小幅反弹，维持震荡走低的态势（图 1-1）。

一、价格走势情况

2014 年 9 月至 2015 年 8 月，山东省玉米价格出现了大幅度的下跌。2015 年以来，山东省玉米价格呈现逐步下滑的变化，3～4 月受需求量增加价格升高至 1.18～1.20 元/斤，自 5 月开始逐渐震荡走低，一路下跌至 8 月的 1.02 元/斤，远远低于 2014 年玉米的平均交易价格 1.21 元/斤。9 月以来收购价 0.95 元/斤，新玉米上市价格继续下滑，跌破 0.80 元/斤（表 1-1）。

---

　　*　斤为非法定计量单位，1 斤=500 克。

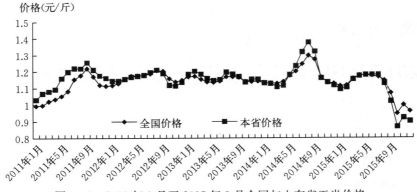

图 1-1　2011 年 1 月至 2015 年 9 月全国与山东省玉米价格

表 1-1　2015 年全国与山东省玉米价格（元/斤）

月份	全国价格	山东省价格	全国比山东省高
1 月	1.11	1.09	0.02
2 月	1.11	1.10	0.01
3 月	1.15	1.15	0
4 月	1.17	1.17	0
5 月	1.18	1.18	0
6 月	1.17	1.18	−0.01
7 月	1.17	1.18	−0.01
8 月	1.14	1.13	0.02
9 月	1.07	1.02	0.05
10 月	0.95	0.87	0.08
11 月	0.99	0.92	0.07
12 月	0.96	0.90	0.06

　　玉米替代品的价格比玉米的价格低，进口大麦和进口酒糟的到厂价格只有1 700 元/吨和 1 600 元/吨，而同期国内玉米的市场价为 1 900 元/吨，导致了各企业对替代品的消耗占比增加，以山东鲁莘饲料有限公司为例，在饲料加工的原料配比中，玉米原料只占了 30%，其余 70% 均为进口替代品原料。这些都对造成国内玉米过剩和价格持续下跌起到了直接的作用。2015 年 10 月，山东省玉米价格达到了年度最低，同样也是山东省玉米价格近 10 年来的最低水平。2014 年 9 月，玉米平均价格在 2 600 元/吨以上，之后大幅下跌并维持下滑态势运行。4～5 月，山东玉米价格达到了一个高点，平均价格在 2 300 元/吨

以上，接下来的 6、7 月维稳或略有下滑，8 月开始持续大幅下跌至价格低谷。

山东省玉米市场 1 月中旬经历价格低谷，年后强势上涨并在一段时期内以坚挺维稳行情为主，前期深加工企业收购积极、市场提价明显。4 月是玉米临储收购的"收官"之月，2015 年 4 月 9 日，国家粮食交易中心在南方销区四省举行储备粮竞价交易，这是继 2015 年 1 月 6～8 日以来再次启动国储拍卖。从最终的交易结果看出，竞拍玉米起价较高，且优质粮源较少，市场成交清淡。自此次国家政策性存储玉米竞价销售后，国储玉米正式开启了拍卖模式，产区临储收购临近尾声，国储玉米拍卖开启，玉米市场逐渐趋向政策市。按照往年惯例，进入 6 月以后国内玉米价格将不断上涨，市场购销活动也会十分活跃，但 2015 年市场这种迹象并没有显现。6 月 11 日举行的国家临时存储进口玉米竞价销售交易会计划销售美国 2 号黄玉米 23 806 吨，实际成交 6 290 吨，成交率 26.42%，成交均价 2 239 元/吨。当时国内玉米市场供给充足，临储玉米拍卖成交持续萎缩，上下游消费均不尽如人意，玉米价格已出现上涨乏力迹象。同期正是小麦集中收获期，贸易商为麦收腾库和回收资金等原因而出货积极性较高，对玉米价格上涨产生一定抑制。截至 6 月下旬，临储拍卖已持续 2 个多月，成交总量仅 250 万吨，临储拍卖玉米成交率低至 2.81%。东北地区临储玉米的剩余库存数量就相当于国内全年产量的 50%。在市场消费疲软、提振动力不足、进口杂粮冲击市场及深加工企业加工亏损日益严重的大环境下，市场氛围整体偏空，临储玉米去库存进度持续缓慢。

进入 7 月，基层粮点余粮基本售尽，当地粮源集中在大型贸易商手中。部分深加工企业厂门收购价格上调 10～20 元/吨，与厂门到货量不足有关。7 月以来，市场上涨行情迟迟未能启动，贸易商对市场看空心态加剧，出库意愿加强，自 7 月中下旬开始，玉米价格迅速开启下跌模式，主要影响因素是产量过剩、需求低迷、低廉的进口替代品占据市场额等。随着新粮上市气氛渐浓，玉米价格可谓是"跌跌不休"。新玉米上市期，企业持续下调陈玉米价格，部分企业新陈玉米价格基本一致。这样调整收购价格一方面是希望新玉米尽快下跌到位，另一方面也是由于库存较多，难以多收玉米。综合深加工及饲料需求疲软、进口玉米及其替代品持续到港、新季玉米临储政策可能会重大调整等，均导致市场对后市玉米价格存在悲观预期。所以，贸易商抛售库存，玉米现货市场价格持续疲软。10 月上旬开始，新玉米陆续上市，粮农却遭遇了丰产不丰收的尴尬，价格大幅下跌，持续弱势运行，至 10 月中旬降至年度价格最低点，也是 10 年来玉米价格最低点，后小幅反弹，持续震荡走低态势。进入 11 月之后，随着新季东北临储收购（2 000 元/吨）的开启，下跌势头放缓，各地玉米价格出现企稳上涨之势。12 月以来，因天气好转，玉米现货市场上量快速恢复，企业到货量增加，但下游需求承接不力，市场格局从阶段性供应趋紧状态再次转为供大于求局面，玉米上涨行情出现了"急刹车"。余粮充裕一定程度上抑制了粮价持续反弹，但基层玉米多数含水量依然偏高，支撑局地深加工厂门收购价格小幅调涨。12月末，潍坊市玉米深加工企业含水量14.5%的三等玉米进厂价1 900～1 960元/吨，与中旬基本持平，个别企业上涨10～20元/吨，呈小幅震荡态势。

随着节前售粮高峰到来，且天气影响玉米后期品质问题的风险仍存，加之近日有市场消息称，1月国储陈粮或将大量入市，同时也不排除定向销售政策落地的可能。因此，后市玉米市场走势并不乐观。

二、产销情况分析

（一）生产动态

山东省17地市均有种植玉米，德州、潍坊、聊城、菏泽和临沂的播种面积占山东省玉米播种面积的50%以上。其中，德州的玉米播种面积最大。其他12地市玉米播种面积占山东省总面积不到50%。

2004年以来，山东省玉米播种面积总体呈增长变化。其中，2013年播种面积增幅最大，达到了24%以上。近几年，山东省玉米单产基本稳定，多年平均在6 000千克/公顷以上；2009年以来。总产保持在2 000万吨以上，约占全国玉米总产量的9.5%，占山东省粮食总产的44%左右。2015年的播种面积增加到了5 915.71万亩*，占山东基本农田面积的47.54%（表1-2）。

表1-2　2004—2015年山东省玉米面积、产量情况表及同比变化

年份	播种面积（万亩）	单产（千克/公顷）	总产（万吨）	播种面积同比变化（%）	单产同比变化（%）	总产同比变化（%）
2003	3 608.84	5 865	1 411.02			
2004	3 682.58	6 106	1 499.15	2.04	4.11	6.25
2005	4 097.16	6 353	1 735.41	11.26	4.04	15.76
2006	4 266.63	6 150	1 749.32	4.14	−3.19	0.80
2007	4 283.46	6 189	1 767.37	0.39	0.63	1.03
2008	4 519.43	6 567	1 978.51	5.51	6.10	11.95
2009	4 696.64	6 478	2 028.25	3.92	−1.35	2.51
2010	4 871.18	6 381	2 072.34	3.72	−1.49	2.17
2011	5 055.88	6 605	2 226.16	3.79	3.50	7.42

---

* 亩为非法定计量单位，1亩＝1/15公顷。

（续）

年份	播种面积 （万亩）	单产 （千克/公顷）	总产 （万吨）	播种面积同比变化 （%）	单产同比变化 （%）	总产同比变化 （%）
2012	5 214.82	6 609	2 297.5	3.14	0.06	3.20
2013	6 494.64	6 333	2 320.02	24.54	−4.16	0.98
2014	5 742.89	6 271	2 400.95	−11.57	−0.99	3.49
2015	5 915.71	6 353	2 505.4	3.01	1.30	4.35

（二）流通环节

随着全年的价格起伏波动，山东省玉米市场的流通交易量也呈现明显的波动变化。2015 年上半年，企业补库意愿明显，保持较高的开工率，现货玉米交易流通顺畅，临储拍卖玉米受价格和粮食质量的影响，对现货市场的影响不明显。下半年，市场需求未见提振，贸易走货依旧疲弱，而粮源供给呈现多元化发展，各类低价进口玉米替代品出现，同时大量进口玉米利用价格优势冲击了国内市场，市场粮源供应充裕，下游需求回暖无期。饲料养殖行情持续疲弱，饲料需求量仅为 2014 年的 60% 左右。玉米购销处于买方市场状态，供需严重不平衡，玉米交易量大幅下滑。

4 月，随着东北地区余粮见底，市场供应逐渐减少，出现了短期的供应偏紧局面，玉米市场再次进入上行通道。同时，终端养殖呈震荡偏强态势，但饲料需求未见明显改善；玉米淀粉产品以稳定为主，酒精产品虽有所上涨，但整体消费面表现平平，仍是处于亏损状态。7 月，是山东省玉米市场的一个分水岭，该时期产区主要以消化库存为主，大型贸易商陆续出货，行情上涨受抑制。而由于养殖需求低迷、进口谷物替代严重，饲料企业采购并不积极，产区玉米库存消化速度较慢，库存与 2014 年比明显偏高。

此时玉米消费需求无有效支撑，玉米市场逐渐趋向政策市，产区收购情况是大家关注的，但更多的是受政策性粮源投放情况所影响。到 2016 年 5 月初，临储玉米陈粮加新粮的总库存达到 2 亿吨，国家粮油信息中心统计，2015—2016 年度国内玉米消费总量约为 1.792 亿吨。近 2 亿吨的临储库存，可供国内使用 13 个月。

常年来看，我国临储玉米拍卖时间是每年的 5 月初至 10 月底。2013—2014 年我国临储玉米成交量和成交率大幅下降，主要受供大于求成为我国中长期玉米市场主旋律、拍卖底价高于市价等因素影响。2015 年 7 月以来国内临储玉米成交彻底进入冰霜期，8 月有 4 次临储玉米拍卖活动，成交总量 26.4 万吨，平均每周成交量仅 6.6 万吨，平均每周成交率 1.23%，成交量同比下滑幅度达到 96%。截至 8 月末，临储玉米累计拍卖已经 21 周，累计成交总量 383 万吨；而 2014 年同期累计拍卖 15 周，成交总量达 2 566 万吨，2015 年成交量下滑达 85%，临储玉米拍卖成交量大幅下降。2014 年临储玉米累计成交量 2 595 万吨，总成交率 25%，2015 年临储玉米累计成交量 447 万吨（含年初进口配额分配拍卖），总成交率 4.4%，庞大的玉米库存和品质降级是我国玉米产业不得不面临的现状。

统计 2008/2009 至 2014/2015 这 7 个作物年度，玉米淀粉和酒精加工企业平均开工率分别为 60% 和 46%，国内深加工企业长期产能过剩。淀粉下游消费不容乐观，玉米淀粉消费企业和贸易商长期看跌玉米价格，2015 年以来淀粉采购量明显萎缩。统计数据显示，2015 年我国生猪存栏量连续 9 个月下降，比前 4 年的平均水平低 14%；能繁母猪存栏量连续 22 个月下降，比前 4 年的平均水平低 19.4%。国庆节之后，生猪价格南北齐跌，进一步冲击养殖市场，导致国内饲料消费持续低迷。

12 月和 1 月是农户售粮高峰期，因年关将至，农民工回乡，卖粮变现意愿增强，上市量不断放大，玉米现货市场渐入节前集中购销阶段。而用粮企业玉米库存普遍较低，在 10 天的加工用量以下。虽然饲养业及深加工行业需求仍显疲弱，但原料节前刚性备货需求仍将在后期陆续有所显现，在 1 月底之前将补充至 30 天的加工用量。因此，2 月玉米市场将表现为供应、需求增加。在整体疲弱大环境下，安全库存也是用粮企业需要认真考虑的内容，前几年那种在年底集中上量期大举备库的情况难以再现。同时，市场供应的多元化，也在一定程度上弱化了年底用粮企业备库对玉米价格和交易量的提振和支撑效应。

（三）加工企业购销情况

1. 玉米年消化量　我国的玉米加工起步于 20 世纪 80 年代末，虽然起步较晚，但增长很快。进入 21 世纪，我国的玉米加工业出现了快速发展的势头。其中，山东省是我国玉米加工发展最快的地区之一。到 2015 年，山东省的玉米深加工（不包括饲料等初级加工）企业玉米转化能力已超过 1 500 万吨，年实际转化玉米 1 000 万吨以上。玉米淀粉、淀粉糖、玉米味精及赖氨酸的生产量在全国排名第一，柠檬酸产能全国第二。

玉米被称为"饲料之王"，是饲料加工的主要原料。山东省玉米消耗量最大的是饲料，其消耗量占玉米总产量的 50% 以上。从全国范围来看，过去近十年，饲料行业发展较快，根据统计局的数据，2005 年以来，大部分年饲料的消费增速都在 20% 以上，2012 年有所降低，2012 年增速回落到 17%，2013 年消费增速回落到 6% 左右，2014—2015 年度饲料养殖玉米消费持平或略降。2014 年山东省饲料总产量在 2 150 万吨左右，2006 年山东省饲料总产量为 1 150.73 万吨，8 年时间饲料年生产总量增长了约 1 000 万吨，平均每年增加

125 万吨，年均增长率为 10.86％。

2. 进口玉米及玉米替代品冲击　2015 年中国进口玉米量达 500 万吨，较 2014 年的 260 万吨增长了 92％以上。始于 10 月的 2015—2016 年度进口主要依靠 2016 年的进口配额，2015—2016 年度进口玉米 350 万吨，同比下降 30％。

2015 年 7 月之前，玉米替代品（主要包括大麦、高粱及玉米干酒糟等）进口不受配额限制，饲料厂趁海外价格低廉之际增加进口，以替代国内昂贵的谷物，以原料采购和原料替代方面的优势保证其利润水平。这导致我国 7 月玉米及玉米替代品进口量触及纪录高位，达到了 460 万吨。海关数据显示，我国 7 月玉米干酒糟进口量较 2014 年同期增加 67％至 110 万吨纪录高位，前一纪录高位则是在 6 月创下的 96 万吨。自 9 月开始，商务部要求玉米干酒糟、大麦、木薯及高粱进口商按照 9 月生效的新系统登记他们采购的详细内容，即在采购前进行登记以获得许可，以加强对相应进口商品的监控。

有数据显示，2015 年前 11 个月进口粮食为 1.13 亿吨，与 2014 年同期相比增加 27.3％，是有史以来第二次过亿；2015 年全国粮食总产量为 6.21 亿吨，比 2014 年增长 2.4％。按照进口粮占比计算，当前国内每 7 斤粮食里就有 1 斤来自国外。而这些进口粮除了七成以上是大豆以外，多以大麦、高粱、玉米干酒糟、木薯等玉米替代品为主，大量进口货冲击了国产玉米销售。同时，廉价进口替代品直接冲击了国库销售，当前国储玉米定向企业销售价格为每吨 1 400 元，合计每斤 0.7 元，而当初都是 1.1 元/斤以上收进，相当于每吨玉米除亏损仓储费外，至少亏掉 800 元。

3. 进口等外源玉米及替代品对山东省市场的影响　采取有力措施调节国内的粮食价格，是抑制玉米替代品进口任意增长的重要途径。进口玉米及玉米替代品的大量使用，对全国玉米市场形成巨大冲击的同时，也对山东省的玉米市场产生了不可抵御的压力，急剧拉低了玉米价格。在 2015 年 10 月初新玉米收获季，玉米单价甚至低到了 0.75 元/斤左右。而 2014 年同期的价格在 1.13 元/斤左右，低价的玉米市场形势持续了 30 天以上。

三、市场形势分析

2014 年全国玉米大丰收，尤其山东省各地平均亩产达到了 600 千克，但到 10 月中旬基本用完。从 2014 年 10 月基本在用国家拍卖粮和进口粮。并且价格一路升到每吨 2 800 元。原因是各用粮企业基本满负荷生产，社会需求量也是大幅攀升。2015 年以来，山东省玉米价格呈现逐步下滑的变化，1～2 月价格在 1.12～1.13 元/斤，价格稳定，3～4 月受需求量增加价格升高至 1.18～1.20 元，自 5 月开始逐渐震荡走低，玉米交易价格由每斤 1.42 元/斤一路下跌降至 8 月的 1.02 元/斤，远远低于 2014 年玉米的平均交易价格 1.21 元/斤。9 月以来收购价 0.95 元/斤，新玉米上市价格继续下滑，跌破了 0.90 元/斤。

深加工玉米消费量大，饲用消费只占市场消费的一小半，替代品消费呈上升趋势。2015 年 1～9 月正好是一个过渡时期，玉米深加工和饲料企业由于玉米替代品的价格比玉米的价格低，同时大量进口玉米利用价格的优势冲击了国内市场，2015 年以来收购价格和交易量均呈下降趋势，造成了国内市场的玉米卖不出去，出现供大于求的现象；同时，由于 2014 年用粮高峰有点过剩造成了 2015 年的玉米市场供过于求的局面。从 5 月的每吨 2 380 元的高价一路下跌到 8 月的每吨 1 950 元左右。此外，淀粉、酒精等出口也不畅。养殖业方面，虽然猪肉价格高但养猪存栏量少。畜禽食品消耗量减少，价格下降，养鸡业都在赔钱经营，饲料需求量仅为 2014 年的 60% 左右。用作加工的玉米进货量明显缩减。如果饲养业行情好了、饲料需求量大了，玉米价格就会上升，状况会变好。再者，玉米部分替代品的出现拉低了玉米整体价格，玉米市场需求疲软，货源充足，出货量大，总体玉米供大于求，价格下跌。

加工企业近两年的交易量变化不大，因为价格看跌，只能随购随用，不会大批量存储。产生增减变化的原因还要看饲养业行情，养殖市场前景看好，养殖户、饲料企业的效益就好，交易量就大。加工企业的库存也随着市场玉米价格的变化而变化，如果价格不稳定或呈下降趋势，就不会囤积。价格呈上升趋势时，多存库，防止生产成本增加。对种植户来说，如果价格合理就会出售，来换取资金。各大贸易商也只能是根据饲料加工厂家的需求情况，来决定进货价格及进货数量。总体来看，2015 年 9 月至 2016 年 5 月，玉米需求量不会很大。

四、市场走势及建议

同比售粮进度偏慢，将不利于行情回暖。政策去库存方向下，农户应在收购期适时卖粮。从当前市场来看，由于下游企业购销不畅，销区对玉米需求量偏低，企业备库意愿不强，加之产区供应量陆续增加，价格波动频繁，预计短期内销区玉米价格将以弱势运行为主，上涨动力不足。

政策方面，建议适度减少玉米进口配额，保护农户种粮积极性。加大玉米补贴力度，降低生产成本（形成产业带、病虫害集中防治等），增强玉米市场竞争力；出台玉米价格保护政策，确保玉米交易市场的正常运营，使农民的收益获得基本保障，也使玉米产业能够正常、稳定发展。

第二节　2016 年山东省玉米生产及市场形势分析

2016 年，山东省玉米市场价格涨跌起伏较大，最高价与最低价的价差达到了 310 元/吨以上，市场平均价普遍低于 2015 年。年度内最低价格出现在 9 月下旬，最高价格出现在 6 月下旬。贸易商及企业购销平均价格 0.88 元/斤左右。粮农年度平均交易价格 0.76～0.78 元/斤（表 1-3）。

表 1-3　2015 年 11 月至 2016 年 12 月全国与山东省玉米价格（元/斤）

| | 2015 年 | | 2016 年 | | | | | | | | | | | |
	11 月	12 月	1 月	2 月	3 月	4 月	5 月	6 月	7 月	8 月	9 月	10 月	11 月	12 月
全国价格	0.99	0.95	0.97	0.95	0.94	0.92	0.93	0.96	0.97	0.95	0.94	0.84	0.88	0.87
山东省价格	0.92	0.9	0.88	0.86	0.84	0.83	0.84	0.88	0.89	0.87	0.86	0.75	0.79	0.78
全国比山东省高	0.07	0.05	0.09	0.09	0.1	0.09	0.09	0.08	0.08	0.08	0.08	0.09	0.09	0.088

一、价格走势情况

（一）价格形势分析

1 月开始至 4 月中旬，价格整体呈下跌的变化，其间短暂小幅反弹。1 月底，正值 2016 春节前夕，企业备库，价格反弹明显，之后继续下跌。3 月市场价格涨跌起伏较大，主要是市场玉米质量及流通供应量等原因。同时，关于临储超期玉米低价出库的消息，加剧了市场利空氛围，也是引起价格大幅波动的原因所在。4 月中旬，价格达到了 2016 年上半年的低谷，自 4 月中下旬开始，价格整体表现出震荡回升，上涨持续到 6 月下旬，至此，价格也达到了年度最高。价格达到年度高点后，便开始震荡回落，至 8 月初价格触底反弹回升，直至 8 月底达到 2016 年度山东省玉米市场价格的第二高点。9 月，新玉米陆续收获上市，市场价格遭遇了断崖式下跌，9 月下旬触底，达到了年度最低；10～11 月，价格整体震荡反弹，12 月上旬末价格出现小幅反弹，整体表现以下跌为主。从年末价格的涨跌变化来看，节前价格或趋稳，涨跌空间均有限（图 1-2）。

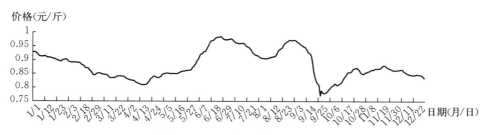

图 1-2　2016 年山东省玉米价格

春节前后面临两次售粮高峰，价格上涨空间不大。同时，市场干粮供应增加、东北玉米跌价增量、市场需求带动力度不足、天量库存等诸多现状，决定了玉米后市弱势不改，玉米价格将继续承压前行。需要关注的是，受不良天气影响，加上种植面积下滑，2016 年东北地区乃至全国玉米单产和总产水平不及 2015 年。在库存陈玉米不出库的情况下，随着市场对玉米的需求增加，新玉米供应量与新年度的需求量可能相差不大，市场不应过度看空新玉米价格。

市场不同收购环节年度玉米价格走势见图 1-3，年度内饲料企业收购价多高于深加工企业收购价。由潍坊地区饲料厂玉米价格、寿光市深加工玉米价格与均值的比较来看，潍坊及寿光市企业玉米的收购价，整体高于山东省市场玉米均价。

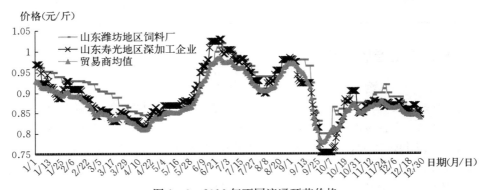

图 1-3　2016 年不同流通环节价格

新玉米收获前后，2016 年同 2015 年市场玉米价格的变化趋势基本一致，2016 年价格明显低于 2015 年同期的玉米价格。2015 年度和 2016 年度，11 月玉米价格较 10 月相比均表现出小幅上涨（图 1-4）。

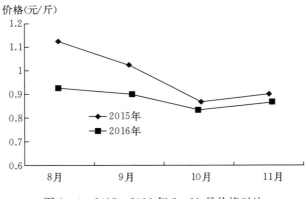

图 1-4　2015—2016 年 8～11 月价格对比

2016年玉米价格同2015年的同比，由图1-5中6个企业的价格比较可以看出，2016年各企业的玉米收购价明显低于2015年。其中，滨州市、潍坊市差距较大，菏泽市、临沂市、聊城市差距略小。

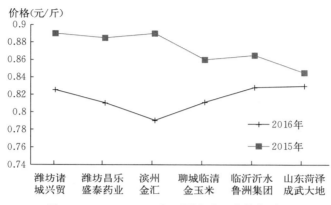

图1-5 2015—2016年不同企业玉米价格对比

（二）生产效益分析

以玉米种植为主体的种植大户，2016年收入大大减少，收入减少的主要原因是价格低，异常天气导致的减产，阴雨、雾霾天气使晾晒存储难度增加，玉米存放过程中发生霉变导致质量下降，不能享受优质优价等。

生产效益情况：从2016年玉米生产的亩投入情况来看，变化不大，主要表现在化肥投入较2015年略有降低，亩化肥投入减少10～15元。在机械、人工、农药、种子、水、电、土地租用费等方面的投入基本无变化。

亩收益（以规模种植的大户为例）：种子40元，播种15元，两次浇水30元，肥80元，人工费约50元，生产资料物化投入260～300元（因种植规模相对较大，生产资料较其他散户便宜些），土地流转费500元，则每亩总生产成本760～800元，按上面的每亩产量约500千克，玉米价格0.75元/斤计算，则亩收益500×2×0.75－760（800）＝－10（－50）元/亩。基本上是血本无归。事实上，9月玉米收获季的开秤价远远低于这个价格，部分地区卖穗的价格甚至达到了0.33元/斤。

二、产销情况分析

（一）生产动态

2016年，夏玉米播种面积较2015年小幅调减。在生育期间，无大面积病虫害发生，但遭遇了阴雨、高温等异常天气，部分地区出现小面积涝灾。大部分地区玉米植株整体长势良好，粮农对产量的预估值普遍偏高；但收获后的实际情况是，受玉米生育期异常天气等原因的影响，2016 年玉米因扬花授粉期雨水多、光照不足，授粉不良、秃尖长、瘪粒多以及结实性差等而减产严重，普遍减产 10% 以上，部分地区甚至出现了大面积地块减产 30% 的情况。

9 月 15 日开始，各地夏玉米陆续开始收获。站点产量信息，一般亩产 450～500 千克，600 千克为高产田，减产明显地块产量在 400 千克/亩左右。随着秋粮收获上市，市场玉米价格降至年度最低，粮农收入大大减少。收入减少的主要原因是高成本下的低价、异常天气导致的减产、阴雨雾霾天气使晾晒存储难度增加、玉米存放过程中发生霉变导致质量下降、不能享受优质优价等。受价格过低的影响，晾晒存储困难的种植大户选择随行就市、随收随卖，大部分粮农选择存放等价。

种植收益分析：2016 年，山东省种植户玉米季的净收益极不乐观。不同地区，不同地力水平的土地流转费用差别较大，一般在每年 800～1 000 元/亩，高的达到每年 1 200 元/亩，玉米一季的土地流转费取平均值约在 475 元/亩。2016 年，玉米种植生产资料物化投入平均约在 350 元/亩。夏玉米上市，籽粒的售卖价格在 0.71～0.77 元/斤，整穗价格在 0.35～0.38 元/斤。按较高产量水平的每亩粒产量 1 000 斤、穗产量 2 000 斤计算，则每亩收益平均约 740 元，则流转土地进行玉米种植的大户，单季亩净收益为 740－350－475 ＝－85（元）。市场连续两年的玉米低价，使粮农的种粮积极性严重受挫，多地都出现了大户退租还户的现象。

（二）流通环节

不利的天气因素严重影响玉米的晾晒和脱水，市场干粮供应紧张，是市场玉米购销过程中多个时期都会遇到的普遍问题。现粮含水量偏高是影响玉米市场上量的关键因素，1 月表现尤其突出。1～4 月，山东省市场干粮、优质粮缺乏，而东北的大量优质粮源，在较快节奏的临储收购中存入国库，也在一定程度上加剧了市场优质粮供应趋紧的局面。粮食库存爆满，陈粮又出不去；国产粮进仓库，进口粮进市场，这成了上半年山东省玉米市场的最大特点。因终端需求不旺，连带下游产品走货以及玉米原料备货均呈疲弱态势。各企业主体以谨慎、合理备货为主。玉米市场流通的关键在于各地粮商对干粮的储备和调度情况。同时，2016 年上半年，养殖业市场整体不景气，市场需求恢复缓慢，饲料企业亏损经营的情况依旧存在，这些都严重阻碍了上半年度玉米市场的恢复。

3～4 月，我国有关部门加快了临储玉米泄库的步伐，各地市场出现了批量玉米以不同的形式流往东北的现象。部分粮商到山东不同地市进行收购调运，以德州、聊城和菏泽等地为主，这些地区的一级优等粮大部分（约占市场交易粮的 1/3）被调运到东北，当地企业用的很少。也有部分当地的粮商，选购当地市场的优质粮进行收购，然后运送至东北。临储玉米收购时优先收购品质尚佳的玉米，这在一定程度上加剧了当地优质玉米供应紧俏的局面。4月中下旬，随着东北及山东各地余粮见底，市场供应逐渐减少，出现了短期的供应偏紧局面，玉米市场再次进入上行通道。

每年的5月初到10月底，是我国临储玉米拍卖时间。近两年我国临储玉米成交量和成交率大幅下降，主要受明显供大于求成为我国中长期玉米市场主旋律、拍卖底价高于市场价等因素影响。2016年7月以来，国内临储玉米成交彻底进入冰霜期，成交量同比下滑幅度达到96％。截至8月末，成交量同比下滑85％，临储玉米拍卖成交量大幅下降。庞大的玉米库存和品质降级是我国玉米市场不得不面临的现状。

6月以来，随着市场的缓慢恢复，饲料企业以销定产，随行就市的购买高质量的原料玉米，并行市场的短暂性、假性缺粮状态，造就了6月玉米市场价格一路攀升的局面。7月，政策粮、临储粮成为市场主力，市场玉米供应相对充足，各地的竞拍粮陆续到厂，价格下行。8月，市场粮源供应趋紧，以东北三省及周边省调运玉米供应山东省市场。9月，陆续上市的春、夏新玉米，成为玉米市场价格开始下滑的信号，9月底价格降至本年底最低，粮农惜售心理导致进入市场流通的新粮量大大减少。

拍卖玉米在进入10月之后逐渐淡出。新玉米上市初期，受诸多因素影响，企业采购谨慎。同时天气原因，玉米脱水受限，粮农惜售。大部分企业选择低库存运转，补库需求直接影响市场上量和市场价格。10月是新旧粮的交替阶段，玉米贸易商和终端需求企业的库存都进入偏低阶段。山东各地贸易商交易量较2015年同期同比减少40％以上。11月，雨雪天气、物流问题、运费问题、路况问题等严重影响了市场现粮供应；而进入12月，市场粮源充足，东北产地增量跌价，大猪陆续出栏致使需求萎缩，汽运费持续下调，同时物流问题得到一定程度的解决，但需求端缺乏有力的带动，淀粉行业开工率下滑，养殖户由于养殖利润相对缩水而补栏积极性有限，对玉米的收购减少。

在政策粮暂停出库的市场形势下，优质粮比较紧张，干粮量少。山东小麦-玉米连作的种植习惯，决定了山东省玉米集中在9月下旬集中收获，穗粒含水量高，同时秋收后紧接着的秋种使农户无暇对新收获的玉米进行晾晒处理。即使在忙碌完小麦的秋种以后，受价格较低的影响，农户也往往并不急于晾晒出售，大量的玉米都直接整穗囤放，不脱粒，不晾晒。上述结果直接导致市场干粮少，符合购销的粮源供给紧张。

从山东省2016年玉米的总产估计及山东省市场对玉米的总需求量数据来看，东北将是满足山东省玉米市场供给快速增长的主要地区。因此，东北玉米外运的物流问题、运费问题、天气状况，将在一定时期内影响山东省市场的玉米供给及玉米价格。

（三）加工情况

山东省玉米常年的月消耗量平均在 330 万吨以上，全年玉米总消耗量在 4 000 万吨左右。一般每年春节所在月及春节过后的第一个月，市场玉米的流通消耗量最低，在 200～250 万吨/月。其余月的消耗量均保持在 300 万吨以上。山东省市场对玉米的总需求基本稳定，无明显增减起伏变化。就当前市场对于玉米的需求能力来看，禽类养殖整体态势较旺，节前的需求增强，行情较被看好，猪饲料需求或将保持维稳状态。深加工企业开工率明显下降，一些政策因素导致部分中小企业关停和生产降低，引起玉米需求量缩减。

在玉米的消耗中，深加工玉米用量占比始终大于饲料玉米用量。深加工玉米用量年度占比约 54.7%，饲料玉米用量占比约 38.78%，其余部分为零散食用消耗。自 2 月开始，山东省市场的玉米月消耗量基本呈逐渐增加的变化。7～8 月的消耗量环比略降，这与市场同期的玉米价格下跌相呼应。本年度 11 月，玉米消耗量最大，达到了 356 万吨，12 月和 11 月略低，分别为 345 万吨和 344 万吨。5 月、9～11 月，深加工企业的月消耗量较上月逐月均增加 10 万吨以上的量，开工率保持高位上行。除 3 月外，饲料企业其他月的月消耗玉米量逐月间变化比较平缓。

据 2016 年 1 月数据显示，生猪存栏量以及能繁母猪存栏量再创新低，同比 2015 年下跌 8% 左右，但是猪粮同比价格高达 8.93%，创近年高峰。养殖业市场低迷呈持续状态，养殖市场需求疲软，养殖户对后期行情看法谨慎，出于养殖成本及风险限制，仔猪和鸡苗补栏积极性一般。2016 年上半年，饲料市场都处于缓慢恢复的状态。淀粉企业库存增加，也表现出一个供过于求的局面。受市场环境影响，饲料及淀粉等深加工企业的开工率普遍较低。5 月开始，各方市场逐渐恢复，尤其深加工企业对玉米的需求量恢复较快，深加工企业的月消耗量接近恢复到春节前 1 个月的消耗水平。5 月，山东省市场对玉米的需求量突破 300 万吨，第一次接近春节前 1 个月的水平，并在之后的每月均保持在 300 万吨以上。

5 月开始，陆续出现政策粮定向销售的声音，但是拍卖粮的使用，程序复杂、过程耗时长，从拍卖至到厂需要一定的周期。5～6 月，山东省市场面临的主要状况是市场不缺粮，但市场现货粮的霉变多在 3 月左右，霉变少的货不好收。除拍卖粮不能及时到厂等原因之外，优质粮源稀缺是价格震荡攀升的一个重要支撑。饲料企业对高质量粮源的需求一定程度上刺激了市场对进口玉米或玉米替代品的用量增加。山东省市场分别在 4 月、5 月和 8 月使用过进口玉米，共计约 37.4 万吨。其中，5 月进口玉米的使用量达到了 21.6 万吨。

6 月开始，市场深加工处于消费旺季，虽然原料玉米价格继续上涨，但企业总体开工率保持高位上行。7 月，玉米淀粉价格涨至高位，走货困难，深加工企业开工率下降。淀粉加工企业的盈亏状态是引起深加工企业玉米需求波动的主因所在；随着天气炎热影响的消失，生猪存栏量缓慢恢复，一定程度上保证了下游市场对饲料的稳定需求。10 月下旬开始，玉米淀粉行业加工利润保持盈利状态，开工率明显提高，淀粉下游面临阶段性补库需求，产品走货持续好转，部分地区出现库存偏低、货源供应偏紧格局。随着新季玉米集中大量上市，深加工企业原料得到充裕的保障，低廉且充裕的成本供应为盈利提供了前提条件。

进入 11 月后，山东省禽类养殖整体出现好转，大部分养殖户看好节前行情，补栏相对积极。生猪方面，虽然仔猪价格恢复至正常水平，但由于养殖利润相对缩水，养殖户的补栏积极性有限。但随着春节日益临近，饲料市场的玉米需求量有增长；11 月，深加工玉米消费量继续增加，行业供应压力继续保持在高位运行。进入 12 月，受雾霾天气及环保监治等影响，玉米淀粉行业开工率下滑，中小型企业部分出现了关停的状态，这都加剧了市场对玉米消费下降的预期。

三、市场存在的问题及建议

（一）玉米价格

新玉米收获以来，价格持续偏低。同时，天气原因导致晾晒困难，部分玉米出现霉变、霉毒，质量降低。临沂市霉变现象反映比较突出。受市场优质玉米上量少的缘故，价格小幅上涨。后期随着市场玉米上量增加、东北玉米进驻山东省市场，山东省玉米市场现粮的购销和价格都受到很大冲击。

（二）玉米购销

符合收购条件的优质粮源少。2016 年新玉米收获后，山东省市场现货粮源交易量少，主要原因有：价格低、农户惜售、天气不适宜；含水量不达标；售粮习惯为集中在春节前后或麦收前出售；价格低导致企业持观望态度，不想贸然大量购进补库。量少、量差都在一定程度上支撑了当前玉米市场价格。

（三）种植收益

粮农收益减少，甚至亏损严重，赔得人心发慌，对下一步的种植失去信心。此现象对于农户来讲，种植大户较散户表现更为突出。生产资料等的物化投入加上土地流转费，导致玉米的高生产成本。从挣钱到不挣钱，再到赔钱，高落差让以种地为生的农民无所适从。即使不挣钱的价格，与国际市场的玉米价格相比仍不具有任何竞争优势，这是值得关注和思考的问题。

（四）结构调整

玉米的连续低价，让粮农备受打击，他们都希望进行种植结构的调整，却苦于调什么、种什么。传统的种植经营模式已经越来越不适应农业的快速高效发展，传统经营模式改革、品种创新、种植模式创新、优势特色产业的推动表现得越来越迫切。

（五）玉米政策

各地普遍存在粮农补贴政策不合理的现象，补给种地的还是补给土地所有者，应该有政策明确规定。种植大户的补贴、结构调整的扶持引导政策、各地烘干设施的配备政策、晾晒场批复建设政策、市场引导下的科学售粮政策等，都是保障玉米产业稳定、高效、科学发展的关键内容。

四、政策建议

种植生产成本高、产量低、质量差，缺乏国际竞争力，应加强品种创新，提高产品产量和质量，加强政策引导和扶持，尽可能地降低玉米生产成本，保障粮农收益，保障粮食安全生产。

在市场以需定价的形势下，政府等相关部门应鼓励和支持各市场主体积极入市收购，以保障农户的基本收益和种粮积极性。同时，建议出台相关政策，保障种植大户的利益，保护土地流转经营这一新经营主体形式的健康、持续发展。

以需求为导向调整种植业结构，是农业产业发展的重点，更是玉米产业持续、科学发展的关键。种植结构调整，在保证粮食安全的前提下，从市场供需平衡出发，以需定产，提高农户的粮食种植收益。传统的种植经营模式已经越来越不适应农业的快速高效发展，传统经营模式改革、品种创新、种植模式创新、优势特色产业的推动表现得越来越迫切。从市场供需平衡出发，以需定产，推广新的生态高效种植模式及种养殖一体化的生态种植模式，进行科学有效的供给结构改革。同时，制定和实施结构调整的扶持引导政策以及合理、科学的补贴政策等，达到降成本、保收益、安民心的效果。以市场需求为导向、以政策扶持为基本保障，是山东农业结构特征条件下进行种植业结构调整的必要条件。

第三节　2017年山东省秋粮暨全年粮食生产
形势分析报告

山东省玉米播种面积约 6 000 万亩，较上年减少约 90 万亩。综合玉米生长季的生长条件，其中，既有利于增产的条件，也有影响生长发育导致减产的因素。

一、有利生产因素分析

（一）播种质量较好

在夏播期间，除鲁东部分地区旱情较重外，其他地区墒情适宜。各地抓住有利时机，大力推广单粒精播、"一增四改"、种肥同播等技术，夏玉米单粒精播率达到 90％以上，种植密度保持稳定，播种质量较高，基本做到了一播全苗。据统计，2017 年夏玉米适期播种率达到 90.4％，比上年提高了 1.1 个百分点。

（二）积温充足

除鲁东地区外，其他地区夏种较往年提前 5 天左右。当前，夏玉米正处于灌浆期，生育期较常年提前一周。灌浆时间延长，积温充足，有利于玉米充分成熟和后期产量形成。

（三）田间长势比较均衡

夏种以来，山东省降水偏多、气温偏高，前期病虫害发生程度较轻，出苗整齐、密度合理、田间差异性较小。据专家会商分析，2017 年玉米长势是近 6 年来最好的一年。

（四）病虫危害情况总体偏轻

玉米病虫害整体中等发生，轻于 2016 年同期。其中，二代黏虫、二点委夜蛾、玉米锈病、玉米粗缩病、玉米叶斑类病害发生均轻于 2016 年和常年；玉米螟发生接近常年略偏轻；三代黏虫偏轻发生，重于常年；玉米蓟马总体中等发生；玉米穗虫中等发生接近常年；局部地区玉米田蜗牛危害较重。从积极防控工作看，山东省种子包衣、"一防双减"统防统治和化学除草等技术措施落实比较到位，2017 年病虫害对秋粮产量的影响将小于常年。

（五）土壤墒情适宜

秋粮作物生长期内，山东省降雨时空分布相对均衡，多数地区、多数时段墒情适宜。尤其是 7 月中下旬以来，山东省连续发生多次大范围降水天气，鲁东地区持续三年的严重旱情基本得到解除，为夏玉米后期生长提供了充足的水分保障。同时，洪涝、风雹等气象灾害影响范围较小，因灾绝产面积零星发生，整体危害程度小于前几年，综合农业气象条件属于偏好年。

二、不利生产因素分析

（一）部分地块果穗结实情况不佳

7 月 8～14 日，鲁北、鲁西北、鲁中等部分地区连续出现 32 ℃以上的高温天气，6 月 10～15 日播种的夏玉米正值拔节期到小喇叭口期，穗分化受到影响，导致个别高温抗性较差品种、密度较大地块出现了不同程度的空秆、果穗畸形、结实性差等异常现象。

（二）结构调整对秋粮播种面积带来一定影响

2017 年，山东省加大了种植业结构调整力度，"粮改饲"项目试点范围进一步扩大，加之玉米市场价格持续下滑，农民种植玉米的积极性降低。各地因地制宜加快了花生、大豆和杂粮杂豆、饲料饲草的发展步伐，籽粒玉米面积有所减少。

三、全年粮食产量预测

各市产量预测：从玉米单产情况看，除济南、淄博、枣庄、临沂、德州 5 市单产减少外，其他 12 市均比上年提高；从玉米总产情况看，除淄博、枣庄、日照、莱芜、临沂、德州、聊城 7 市总产减少外，其余 10 市均比上年提高；气象部门预测，2017 年玉米单产较上年持平略增（3％以内），总产较上年持平略减（2％以内）。全年粮食单产和总产较上年均持平略增（3％以内）。除玉米总产外，其余趋势判断与农业部门一致；粮食部门预测，2017 年秋粮预计呈现"一减一增一平"趋势，即面积减、单产增、总产持平。趋势分析结果与农业部门基本一致。

四、政策意见和建议

山东省对玉米、大豆生产者无针对性补贴，只有对承包大户的固定补贴：每亩 60 元，限 200 亩以内，最高 12 000 元。对玉米加工企业也没有政策条文的补贴。相较于东北地区深加工企业的加工补贴来讲，山东省的深加工企业在市场玉米收购过程中面临多重的冲击和压力，如亏损经营压力、玉米价格上调带来的购买压力等。

山东省企业根据消费需求能力，自主参与国家临储玉米的拍卖。参拍过程中遇到了很多问题，如出库周期长、运输问题、质量问题（参与拍卖的和最终到厂的玉米质量不一样，导致从拍到卖过程中出现不可控的风险）等。

对于补贴和临储泄库玉米的政策建议详见各市内容部分。

五、玉米收购面临的问题及应对措施和建议

（一）山东省玉米销售和收购的主要特点

（1）粮农有规律的售粮习惯。

（2）山东省玉米一般不烘干，多为自然晾晒出售干粮，上市时间持续时间较长。

（3）受夏玉米收获后天气（多阴雨天）的影响，历年多出现晾晒困难和不及时等情况。

（4）承租大户很多不具备晾晒条件和存储条件。

（二）山东省玉米收购面临的问题

（1）收获时间集中。收获时，含水量高，不能及时补充市场。

（2）夏玉米收获之初，满足收购条件的玉米上量少，一段时间内依赖于部

分提早上市的春玉米，或者从周边省购进。

（3）大户存储条件欠佳，导致玉米市场上量集中，市场价格偏低，粮农收益无保障。

（4）各地区玉米供需不平衡，信息闭塞导致区域间玉米市场价格差异。甚至存在买难和卖难并存的局面。

（5）玉米品质差，如毒素含量高、容重小、霉变等。

（三）应对措施和建议

（1）企业适度备库，避开市场粮源紧张的关键时间节点。

（2）搭建市场信息共享平台，加强市场购销信息交流方式和渠道，打破地区内卖粮难买粮也难的局面。

（3）加强优良品种的选育和推广力度，增强品种的本土竞争力及省内、省外的市场竞争力。

（4）争分夺秒，收货后抓紧晾晒；改善存放条件、减少霉变；增设烘干设备；更换优良品种，减少毒素，提高品质。

第四节　2017 年山东省秋玉米收获期市场调研报告

2017 年，山东省籽粒玉米播种面积 4 724.9 万亩，比上年减少 85.5 万亩。其中，德州统计减少 21 万亩，潍坊诸城统计减产 9.48 万亩，聊城莘县统计减少 7.1 万亩，临沂统计减少 3.5 万亩；2017 年山东青贮玉米面积 120 万亩，比上年增加 60 万亩。2016 年，山东省玉米统计消耗 4 000 万吨以上。2017 年，截至 9 月，山东省玉米统计消耗约 2 760 万吨，较 2016 年同期消耗增长约 80 万吨。

一、生产情况

（一）面积减

山东省玉米播种面积 4 845 万亩左右。其中，青贮玉米面积约 120 万亩，籽粒玉米播种面积较 2016 年减少约 85.5 万亩，青贮玉米面积较 2016 年增长约 60 万亩。

（二）总产减

山东省玉米总产 2 050 万吨左右，较 2016 年减少 15 万吨左右。从各市单产情况看，除济南、淄博、枣庄、临沂、德州 5 市单产减少外，其他 12 市均比上年提高；从玉米总产情况看，除淄博、枣庄、日照、莱芜、临沂、德州、聊城 7 市总产减少外，其余 10 市均比上年提高。

从实地调研看，潍坊诸城相州镇，本年度的玉米单产约 1 000 斤/亩，明显好于 2016 年的 800 斤/亩（主要与生长期降水有关）。临沂调查的测产数据，2017 年夏玉米单产 443.6 千克，较 2016 年减产约 3.7 千克。适期晚收，延长后期灌浆时间，能有效增加千粒重，提高产量。潍坊诸城针对前期出现的空秆、花粒、秃尖等现象，加强后期管理补救，2017 年玉米平均单产约 570 千克，与 2016 年基本持平，总产在 53.80 万吨左右。

高产典型案例分析（9 月 29 日）：临沂市临沭县店头镇有一农户种植玉米面积 1 100 亩，未收获，收获时间为 10 月 10 日左右，适期晚收，晚收一天，经验数据能增产 1% 的产量。流转费用平均 700 元/亩。自 2016 年开始，采取矮化密植的种植管理方式，在玉米 7 叶期喷一次矮壮素，1 亩 1 袋。玉米植株的最终高度在 180 厘米左右，密度在 6 000～6 500 株/亩，矮化密植管理的玉米抗倒伏，抗锈病。2016 年，含水量 14.5%，亩产达到了 1 600 斤，直接送往当地的淀粉厂，价格 0.85 元/斤。

（三）玉米产量状况分析

1. 有利增产的因素

（1）水。在夏播期间，除鲁东部分地区旱情较重外，其他地区墒情适宜。夏玉米单粒精播率达到 90% 以上，种植密度保持稳定，播种质量较高，基本做到了一播全苗。据统计，2017 年夏玉米适期播种率达到 90.4%，比上年提高了 1.1 个百分点；玉米生长期内，山东省降雨时空分布相对均衡，多数地区、多数时段墒情适宜。尤其是 7 月中下旬以来，山东省连续发生多次大范围降水天气，鲁东地区持续 3 年的严重旱情基本得到解除，为夏玉米后期生长提供了充足的水分保障，潍坊市玉米长势是自 2012 年以来最好的一年。同时，洪涝、风雹等气象灾害影响范围较小，因灾绝产面积零星发生，整体危害程度小于前几年，综合农业气象条件属于偏好年。

（2）积温。除鲁东地区外，其他地区夏种较往年提前 5 天左右，玉米生育期较常年提前近 1 周，灌浆时间延长，积温充足，玉米可以获得充分成熟及高产。

（3）整体长势。夏种以来，山东各地降水普遍偏多、气温偏高，前期病虫害发生程度较轻，出苗整齐、密度合理、田间差异性较小。据专家会商分析，2017 年玉米长势是近 6 年来最好的一年。

菏泽：2017 年玉米生产总的特点是播期集中，出苗整齐，整个生育期雨水较适宜。根据农业部门田间测产，2017 年粒用玉米平均亩产 510 千克，较上年增产 5 千克。单产增加的原因，一是密度增加，耐密型玉米品种占比高，品种布局进一步优化；二是后期温度高，灌浆时间长，虽然开花授粉期温度偏高，部分地块授粉受到影响，但受害面积较小。

（4）病虫害。2017 年，山东省玉米病虫危害情况总体偏轻，玉米病虫害整体中等发生，轻于 2016 年同期。从积极防控工作看，山东省种子包衣、"一防双减"统防统治和化学除草等技术措施落实比较到位，2017 年病虫害对秋粮产量的影响将小于常年。

2. 不利增产的因素

（1）高温。一是部分地块果穗结实情况不佳。7 月 8～14 日，鲁北、鲁西北、鲁中等部分地区连续出现 32 ℃以上的高温天气，6 月 10～15 日播种的夏玉米正值拔节期到小喇叭口期，穗分化受到影响，导致个别高温抗性较差品种、密度较大地块出现了不同程度的空秆、果穗畸形、结实性差等异常减产现象。据气象局提供的气象资料，7、8 月潍坊市日最高气温 32 ℃以上的天数有16 天。

德州市热害造成空棵、苞叶短、畸形穗等面积 50.5 万亩。其中，38.1 万亩发生程度 10%～20%；10.5 万亩发生程度 20%～30%；1.3 万亩发生程度30%～50%；0.6 万亩发生程度 50%以上。

临沂市播期受干旱影响，播期推迟，苗情与汛期重叠，严重制约玉米苗期的正常生长，个别地块玉米完全没有长起来；7、8 月的持续高温，最高气温达到 37.4 ℃，严重影响玉米的花粉发育及授粉，导致部分玉米地块玉米空秆率高，秃顶、花粒现象严重；农户对玉米穗肥追施重视不够，或过早追肥造成后期脱肥。

（2）面积调减。2017 年，山东省加大了种植业结构调整力度，"粮改饲"项目试点范围进一步扩大，加之玉米市场价格持续下滑，农民种植玉米的积极性降低。各地因地制宜加快了花生、大豆和杂粮杂豆、饲料饲草的发展步伐，籽粒玉米面积统计减少 85.5 万亩左右。

潍坊市由于连年干旱，水源缺乏，玉米大多等雨播种，播种日期为 6 月7～26 日。与常年相比，播种时间跨度大，播期略有延迟，播种高峰集中在 6月 5～6 日降雨前后及 6 月 22～23 日降雨前后。播期跨度大，致使潍坊部分地区玉米生育进程不同、开花授粉时间不同、收获时间不同，晚种玉米若提前收获会影响灌浆和产量；部分玉米授粉期受到阴雨天影响，出现了果穗发育不良、授粉结实性差等异常生长现象；部分玉米出现了玉米螟、叶斑病等病虫害，对玉米生产造成了一定不利影响。

二、新玉米收购出现的新特点和后市走势分析

2017 年山东省春玉米收购价格 0.95 元/斤，夏玉米一般在 9 月 20～25 日开秤收购。2017 年新玉米开秤价 0.90 元/斤，至 9 月 25 日下降到 0.87～0.88元/斤；玉米价格呈缓慢下跌。粮贩在地头收购价格 0.80 元/斤；28 日净粮收

购价格 0.85 元/斤，含水量为 14％～15％。德州市场新季玉米毛粮开秤收购价格在 0.80～0.85 元/斤。

后市分析，随着时间推移，玉米价格的季节性下跌将是市场规律，但下跌幅度不太大。原因有：①临储政策取消后，经过 2016 年一年的市场运作及其他刺激玉米市场运行的鼓励政策，市场已适应了当前运作模式，新粮上市后惊慌性下跌的可能性已不大；②虽然玉米库存较大，在缩减种植面积的情况下，产量已经在下降，当前价格虽然较低，但已经处在筑底上升的氛围中；③9 月 13 日，由国家发改委等 15 个部委联合印发了《关于扩大生物燃料乙醇汽油的实施方案》，到 2020 年我国将全国范围推广使用车用乙醇。受乙醇消费政策推动，未来玉米工业用量将继续增加。

诸城市贾悦镇的一农户种植玉米面积 220 亩。其中，有 70 亩青贮玉米以 560 元/亩的价格刚卖完，剩余等到 10 月 8 日以后收获。周围已收获农户籽粒玉米的路边装车价 0.75 元/斤（9 月 29 日价格），含水量 17％～18％。

临沂市莒南县的同盛德饲料有限公司，主要加工生产猪饲料（乳猪料和育肥猪料），每年的 5～10 月为生产旺季。9 月 29 日，15％含水量的玉米收购价为 0.88 元/斤，月中新玉米刚上市时收购价为 0.93～0.94 元/斤。

菏泽市 2017 年新玉米收购自 9 月 20 日开始，粮食收购点和烘干企业收购价格为 0.78～0.8 元/斤，饲料加工企业收购价格为 0.85～0.88 元/斤，含水量为 15％～16％。多数农户在新玉米收获后，直接卖湿穗，价格一般在 0.32～0.35 元/斤。据收购点经营人员介绍，开秤后几周内是玉米价格最高的时间，主要原因有：①上年的陈玉米已基本消耗完，而新玉米虽已收获，但由于烘干设施较少，仅有少量玉米可以销售加工，造成价格短期上涨。②陈玉米价格已涨至 0.95 元/斤左右，养殖户为降低饲料成本，收储一部分新玉米作为混合饲料。12 月以后，待农户自然风干的玉米含水量达标，上市以后，存在价格下降的可能。

聊城市新玉米开秤时间在 9 月下旬至 10 月上旬，带穗价格在 0.34～0.36 元/斤，籽粒价格在 0.83～0.84 元/斤，相对于 2016 年略高，主要是因玉米种植面积进一步减小和玉米小幅度减产所致。玉米价格后期走势与天气情况有关，如长期保持晴天，玉米价格会有所下降；如长期阴雨天气，不利于玉米晾晒，价格会有所升高。另外，因环保部门检查，上半年饲料产量较低，下半年饲料行情有所好转，玉米需求量相对于上半年环比有所上升。

三、玉米酒精、淀粉等深加工变化情况

潍坊市玉米加工主要是初加工和深加工。其中，初加工消化玉米 97 万吨，用于生产畜禽饲料；深加工消化玉米 197 多万吨，年可加工玉米淀粉 140 多万吨，变

性淀粉10万吨，玉米油12万吨，蛋白饲料57万吨，肌醇6 000吨。在此基础上，利用玉米淀粉进行精深加工，年可生产麦芽糖浆20.9万吨，葡萄糖18.4万吨，麦芽糊精12.5万吨，液体葡萄糖4.4万吨，山梨糖醇4.2万吨，赤藓糖醇1 090吨，赖氨酸硫酸盐4.4万吨，赖氨酸盐酸盐4.3万吨，植脂末0.96万吨。开工率100％，全市年消耗玉米300万吨左右（表1-4、图1-6）。

表1-4　2017年山东省深加工玉米消耗同比变化（万吨）

	1月	2月	3月	4月	5月	6月	7月	8月	9月	合计
2016年	181	109	120	156	171	180	175	172	182	1 446
2017年	190	130	135	158	182	165	170	164	180	1 474
同比增减	9	21	15	2	11	—15	—5	—8	—2	8

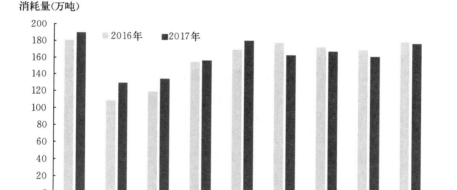

图1-6　山东省2016—2017年深加工玉米消耗量对比

德州市2017年玉米深加工年产能140万吨，同比增加3万吨。其中，3家大型深加工企业开机率基本保持在98％左右，1家500吨以下企业开机率30％左右。

四、玉米深加工增建情况

潍坊市新增氨基酸提质增效项目，投产时间为2018年10月，设计产能10万吨（产品）；德州2017年玉米深加工增建年产能50万吨，2018年2月投产；聊城莘县暂无玉米酒精、淀粉等深加工企业，2017年暂无玉米深加工增建项目；菏泽市当前没有新增深加工企业和扩增加工产能的计划。

五、玉米收购可能面临的问题及应对措施和建议

山东省粮农的售粮高峰一般为收获后的 30～40 天、春节前、次年麦收前。收获后 40 天内的出售量，天气状况是关键，晴朗少阴雨便于粮农及时晾晒脱粒，然后出售上市；相反，连续或较长时间的阴雨天会直接影响收获后的晾晒，因为上货量少价格也会出现一定的上调波动。9 月 25 日以后，各地陆续集中收购。10 月开始，山东各地普遍出现连续阴雨天气，这给玉米的晾晒、脱粒和上市带来很大不便，同时容易出现霉变，质量下降。

1. 潍坊市关于玉米市场的建议　①继续推进玉米市场化，促进多元化主体积极入市收购；②合理控制深加工的扩张规模，防止产能的进一步泛滥，随着中国玉米面积逐年调减和产量减少，3～5 年后临储玉米消化完之后，深加工企业后期可能会陷入无粮可用或与饲用抢粮的窘境。

2. 聊城市莘县玉米市场的收购情况　9 月下旬玉米开始收获后，粮农对玉米开秤价较为认可，出售意愿高，玉米收购较为顺利。但后期价格仍不明朗，企业对于玉米收购仍持观望态度，短期内没有大量收购存储的意愿，近期玉米收购或将出现供大于求的现象。企业一般会在玉米价格走势稍趋明朗后，决定收购数量，如价格较高，企业会随购随用，不做大量的收购存储。

3. 德州市关于玉米市场发展的建议和意见　①加强对地方国有粮食企业粮食收储资金的支持。建议农业发展银行适当放宽贷款条件，每个县市区以一个或几个资信程度高且收购、储存条件好的国有粮食企业为贷款主体，以资产为担保，加大对地方国有粮食企业的收储资金支持，以充分发挥国有粮食购销企业的主渠道作用，防止出现卖粮难。②加大提升仓容能力的投入。德州市与山东省仓容能力先进地市尚有很大差距，存在仓容小、设施配套不到位、大规模机械操作不足等问题。亟需加大政策支持，全方位提升仓容能力，确保每个县（市、区）能满足粮食储存需要，保障国家粮食安全。

4. 菏泽市玉米收购中存在的问题　玉米收购以小收购点为主，仓储设施简易老化，不利于长期储存，抵御市场风险能力低。收购点数量较多，市场监管难度增大，价格差别较大。初期收购的高水（16%～18%）高杂玉米保管难度大，企业收购意愿低。加之缺乏烘干设备和仓房条件简易，粮食企业收购玉米难以保管、风险大，大量敞开收购的积极性不高。

菏泽市关于进一步做好玉米收购工作的建议：①进一步加强领导，确保玉米收购活动的有序进行，保持当地玉米收购价格的基本稳定，维护广大售粮农民的利益。②进一步加强对基层粮食企业的支持力度，充分发挥国有粮食企业主渠道作用。③加强对玉米深加工产业的支持，注重促进企业的良性发展。玉米深加工产业的发展，有利于扩大玉米收购，增加种粮农民收入和调动农民种

粮积极性，建议对这类企业重点加强库存和购销监测，促使执行国家粮食质量标准，履行相关法定义务，使其成为实现粮食供需紧平衡的有效载体，为国家粮食宏观调控服务。④切实加强对粮食经纪人的管理，逐步规范其市场购销行为。建议将粮食经纪人组织起来，加强专业培训，引导规范执行国家粮食收购政策，使粮食经纪人成为粮食收购领域的积极力量。

第五节　2017 年山东省玉米市场供需报告

2017 年山东省玉米价格及其与全国玉米市场价格比较见表 1－5。接近年底，市场现粮上量增加，但优质玉米仍具有一定的价格优势，价格总体平稳。国家拍卖政策和东北玉米外运量将在一定程度上左右市场价格波动；国储轮换入库即将结束，市场玉米价格继续上涨空间不大。

表 1－5　2016—2017 年全国与山东省玉米价格（元/斤）

年月	全国价格	山东省价格	全国比山东省高
2016 年 1 月	0.97	0.88	0.09
2016 年 2 月	0.95	0.86	0.09
2016 年 3 月	0.94	0.84	0.10
2016 年 4 月	0.92	0.83	0.09
2016 年 5 月	0.93	0.84	0.09
2016 年 6 月	0.96	0.88	0.08
2016 年 7 月	0.97	0.89	0.08
2016 年 8 月	0.95	0.87	0.08
2016 年 9 月	0.94	0.86	0.08
2016 年 10 月	0.84	0.75	0.09
2016 年 11 月	0.88	0.79	0.09
2016 年 12 月	0.87	0.78	0.088
2017 年 1 月	0.85	0.77	0.08
2017 年 2 月	0.82	0.75	0.07
2017 年 3 月	0.84	0.77	0.07
2017 年 4 月	0.90	0.82	0.08
2017 年 5 月	0.90	0.82	0.08
2017 年 6 月	0.91	0.84	0.07
2017 年 7 月	0.915	0.85	0.065

（续）

年月	全国价格	山东省价格	全国比山东省高
2017 年 8 月	0.90	0.84	0.06
2017 年 9 月	0.89	0.84	0.05
2017 年 10 月	0.87	0.81	0.06
2017 年 11 月	0.875	0.814	0.061
2017 年 12 月	0.900	0.825	0.075

2月底，市场价格达到年度最低点，7月价格涨至年内最高点；企业平均交易价格 0.84～0.86 元/斤，整体价格低于 2016 年，9～12 月价格高于 2016 年同期。价格走势及同比见图 1-7。

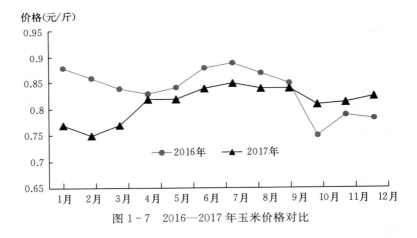

图 1-7　2016—2017 年玉米价格对比

一、市场价格

2017 年 1～2 月，正逢 2017 年春节临近，市场端需求低迷，企业以缓慢消化库存为主，玉米价格下降是主流。1 月初价格上调，之后迅速下跌，跌势持续到 2 月下旬，2 月底价格反弹回升；3 月，市场逐步恢复价格快速反弹，中旬出现短期小幅下跌。第一季度（1～3 月），玉米价格起伏较大，市场平均交易价格 0.77～0.78 元/斤。季度最低价格出现在 2 月 25 日左右，市场平均交易价低至 0.73～0.74 元/斤；季度最高价格出现在 3 月底，市场平均交易价格约为 0.80 元/斤。

4～5 月，价格涨跌并存，基本维稳，整体表现缓慢下调；6 月，月初价格起伏不大，中旬开始，各地市场玉米余粮见底，贸易商较多看涨近期玉米价格，同时收储玉米价格较高，出库盈利少，出库不积极；而拍卖玉米，从参拍、出库、运输至到厂，手续繁多，耗时长，同时前几期拍卖玉米普遍质量问题较多；高开工率加上集中大量补库少，企业库存量明显减少，市场价格快速上调，月末市场平均价格达到了0.86元/斤左右。

第三季度（6～9月），出现两个价格峰点。价格最高出现在9月中旬初，价格最低出现在6月上旬。6～7月中旬，山东省玉米市场价格整体呈上涨的变化，7月中旬末达到本季度第一个价格峰点，之后价格一路下跌，至8月中旬出现小幅上调，之后持续下跌至9月5日。9月5～11日，价格上调明显，达到本季度价格的第二个峰点，9月11日之后，价格整体呈跌势不止。

第四季度（10～11月），山东省玉米市场价格呈现出整体小幅上涨的变化。10月至11月中旬，价格表现比较平稳，自11月中下旬开始，价格涨跌波动明显。11月21日前后，收购价格达到本期最高，之后缓慢下跌，26日前后触底反弹，29日达到本月期另一价格高点，之后下滑维稳。进入12月后，价格先表现出小幅下跌后平稳运行，无明显涨跌变化。

年度价格走势：2017年度玉米市场企业平均收购价格在0.86元/斤，2016年企业平均交易价格在0.88元/斤左右，即2017年山东省玉米市场行情不及2016年。从逐月价格来看，2017年9月开始，市场平均价格超过了2016年。同时，由年度的价格走势来看，年度内的价格涨跌变化略有不同，最高和最低价格出现的时间不同；10月前后价格下跌是每年市场的共同特征，2017年10月，新玉米收获后价格仅出现了小幅下跌，市场行情好于2016年。2017年度，10月以来的平均价格约在0.882元/斤；2016年，10～12月的平均价格约在0.849元/斤（图1-8）。2017年山东各地不同程度的霉变，影响了市场优质玉米的上量和购销，加剧了东北地区集中抢粮的现状，抬升了市场价格。

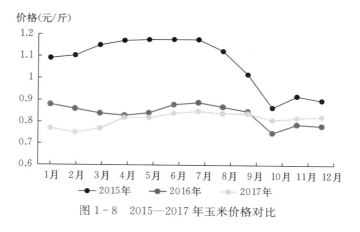

图1-8　2015—2017年玉米价格对比

二、生产情况

（一）面积产量及农民收益情况

2017 年山东省籽粒玉米播种面积 6 000.2 万亩，比上年减少约 89 万亩；青贮玉米发展到 120 万亩，比上年增加约 60 万。对于玉米的单产及总产，从增减情况来看，玉米单产较上年持平略增（3％以内），总产较上年持平略减（2％以内）（表 1-6）。从玉米单产的统计情况看，除济南、淄博、枣庄、临沂、德州 5 市单产减少外，其他 12 市均比上年提高；从玉米总产情况看，除淄博、枣庄、日照、莱芜、临沂、德州、聊城 7 市总产减少外，其余 10 市均比上年提高。

表 1-6　2016—2017 年玉米面积、单产和总产变化

项目	面　　积	单　　产	总　　产
2016 年	6 089 万亩	429.27 千克/亩	2 613.81 万吨
2017 年	6 000.2 万亩	443.68 千克/亩	2 662.15 万吨
同比	−1.46％	3.36％	1.85％

农民玉米种植收益情况：①生产成本下降。据山东省农业基点调查县成本数据显示，2017 年普通种植户每亩玉米总成本 933.5 元，同比减少 30.3 元，下降 3.14％。其中，每亩物质费用 441.4 元、下降 4.87％；每亩用工继续减少，劳动用工 7.03 个，每个工价 70 元，人工成本 492.1 元，同比下降 1.54％。②玉米亩收益亏损。基点县市场价格按平均每斤 0.825 元，比 2016 年（0.80 元）略增；按基点县每亩玉米产量 518 千克计算，每亩玉米总产值 854.7 元，同比增长 4.04％；每亩玉米净产值为 407.3 元，同比增长 14.10％；每亩玉米纯收益为−78.8 元，比上年提高 29 元。

受近年粮食价格持续低迷的影响，土地流转费出现了不同程度的下降，但每亩土地玉米季的平均流转费也在 300～400 元。种植大户规模种植，人工成本投入低于基点县，但是物质成本加土地流转费，玉米种植大户收益也是处于不盈利甚至赔本的状态。

从 2017 年 10 月玉米收获后市场的价格走势来看，形势好于 2016 年，同时，经过 2016—2017 年度大力度地去库存及一系列企业的扶持政策，去库存对市场的影响有了一定程度的减弱，这些都在一定程度上安抚了种粮大户连续亏损的不安状态，稳定了大户的种粮积极性，2017 年的玉米播种面积维持现状甚至有恢复性增长。

（二）玉米生产结构调整情况

一是大力推进种植结构调整。山东省积极宣传推广生态型复合种植，在沿

黄地区推广玉米与大豆轮作，在山区丘陵地区推广玉米与杂粮杂豆轮作，在适宜地区推广玉米与花生、玉米与大豆间作套种，在部分粮食高产创建平台建设小杂粮基地，进一步扩大"粮改饲"试点面积。2017 年山东省玉米价格的周期性波动与 2016 年略有差异，但价格整体水平相差不大，在经历了 2015 年和 2016 年连续两年的玉米市场低价以后，很多的种植大户亏损严重，出现了不同程度的退租、改种现象。2017 年，籽粒玉米面积减少 85.5 万亩，青贮玉米增加 60 万亩，豆类增加 5.4 万亩，薯类增加 4.4 万亩，粮食种植结构得到进一步优化。

二是抓好粮食高产示范方建设，进一步巩固提升粮食产能。山东省委、省政府连续 3 年把示范方建设列为重点工作。2016 年山东省已建成粮食高产创建示范方 1 850 万亩，示范方玉米平均亩产达到 625.8 千克，高出山东省平均水平近 200 千克。通过示范方，推广良种良法配套、秸秆还田、测土配方施肥、水肥一体化等技术，绿色高产高效技术模式，引导农民转变传统生产方式，增强了辐射示范带动能力。

（三）玉米生产效益及变化情况

1. 生产成本下降　据山东省农业基点调查县成本数据显示，2017 年普通种植户每亩玉米总成本 933.5 元，同比减少 30.3 元，下降 3.14%。其中，每亩物质费用 441.4 元、下降 4.87%，包括种子费用 55.2 元、化肥费 145.3 元、农药费 25.8 元、机械作业费 98.6 元、灌溉费 30 元、燃料动力费 23 元、其他费用 62.5 元；每亩用工继续减少，劳动用工 7.03 个，每个工价 70 元，人工成本 492.1 元，同比下降 1.54%。

2. 玉米亩收益亏损　基点县市场价格每斤 0.805 元，比 2016 年（0.80 元）略增；按基点县每亩玉米产量 518 千克计算，每亩玉米总产值 833.98 元，同比增长 1.52%；每亩玉米净产值为 392.58 元，同比增长 8.38%；每亩玉米纯收益为－99.52 元，比上年提高 8.28 元。

受近年粮食价格持续低迷的影响，土地流转费出现了不同程度的下降，但每亩土地玉米季的平均流转费也在 300～400 元，种植大户种植成本加上土地流转成本，亏损更加严重。

（四）玉米质量变化情况

2017 年山东省玉米收获从 9 月 21 日开始大规模展开，于 10 月 22 日基本结束，持续 32 天左右，比上年推迟 7 天。主要是由于 9 月 25 日至 10 月 19 日，山东省先后出现 4 次大范围降水天气过程，影响农机作业，影响玉米收获进度，阴雨天气玉米得不到及时的晾晒，出现了不同程度的籽粒霉变。集中在 10 月上旬这段时间收获的玉米产生霉变的情况比较严重，直接影响了饲用玉米的供应和收购；提早或适期延后收获的玉米，基本未受到阴雨天气的影响。

部分地区的玉米，花粉期遭遇高温，花粉失活导致授粉不良，出现瘪粒、秃尖，产量下降，容重降低，但对出售质量的影响远远小于霉变。

三、市场情况

（一）玉米购销情况

第一季度，市场余粮以散户分布为主，无集中上量，市场购销以河北、东北的黑龙江和吉林、河南等地为主。按月平均需求量 290 万吨计算，市场现粮的上量约为总产量的 25%，约计 510 万吨，则山东省市场第一季度的玉米消费至少有 350 万吨自省外购进。

第二季度（4~5 月），山东省市场消耗玉米总量约为 940 万吨，当地现粮余量在 400 万吨左右，约能满足 40 天的使用量，则剩余时间直到 10 月新玉米上市，拍卖粮成为市场粮源的主要支撑。4 月以购销余粮为主，企业适度备库，轮换粮开拍在即，市场价格基本平稳；5 月，临储玉米拍卖开始，拍卖玉米量大，但是品质差、到货不积极，造成企业库存量迅速减少，刺激了现粮的收购，补库和抢购优质粮源是提价争购的主要原因，市场价格明显上调。

第三季度（6~9 月）6 月，山东正值秋收秋种时节，市场玉米交易量少，主要以大户、贸易商出库以及收购东北玉米为主，部分企业参与了一定数量的拍卖玉米竞拍。拍卖粮以 2013 年左右玉米为主，市场优质粮源紧缺现象突出。7~8 月，用粮企业基本在用国家储备粮、拍卖粮，价格也在一定程度上由拍卖节奏掌控。在拍卖成交量填补市场需求缺口之后，后期的拍卖一定程度上压低了新玉米上市前的市场价格。9 月，新季玉米逐渐上市，同时国储拍卖依然进行，玉米供应较为充裕，大部分企业备库库存一般都能持续到玉米大面积收获。9 月底，毛粮交易价格 0.80~0.82 元/斤，净粮装车价 0.85 元/斤，比 2016 年同期高 0.04~0.06 元/斤。

第四季度，2017 年秋收籽粒玉米统计产量在 2 050 万吨左右。部分地区玉米收获后遭遇阴雨天气，含水量偏高且发生不同程度的霉变，但是玉米收获后的市场购销进度较 2016 年同期比差异不大，整体上量在 30% 左右，这可能与各地深加工企业的高开工率有关。山东各地的饲料企业以收购河北及东北玉米为主，外购玉米占比 70%~80%。据卓创统计的市场玉米需求量来看，10 月和 11 月的总消耗量 719 万吨，则山东省市场的玉米粮源缺口达 300 万吨以上。

（二）玉米质量变化对玉米市场的影响

山东当地玉米出现不同程度的霉变，加上山东粮农普遍是自然晾晒后出售，同时也不具备收获后及时烘干出售的条件。因此，含水量高、霉变直接影响了当地玉米的上市和售卖价格。山东省企业收购的玉米，60％～70％是河北省以及东北三省的烘干玉米。企业普遍反映，价格相同或差别不大，收购山东省当地的玉米把关比较难，东北玉米供量足，收购容易，所以大量收购东北三省和河北省玉米。

企业调查案例分析：①临沂市福佑富饲料有限公司现在收购当地及华北玉米价格为0.9元/斤，霉变要求3％以内，含水量16.5％以内，上货量很少。东北玉米在0.915元/斤左右，货源较充足；当地玉米霉变非常严重，依照前几年的收购标准，几乎不可能有货；10月以来，收购玉米5 000多吨，主要是山东省玉米（收购标准降低）。②山东省聊城莘县鲁莘饲料有限公司收购玉米要求含水量15.5％以下、控制2个霉变粒以下，价格为0.865元/斤，2017年虽霉变粒较多，但尚未出现收购难的现象。10月以来收购玉米8 500多吨，与2016年相比减少2 000多吨，以收购河北玉米为主，占比达70％以上。③临沂市莒南县同盛德饲料有限公司主流的到厂价格是0.91元/斤，当地和东北玉米执行统一价格；10月以来收购玉米1 500吨左右，较2016年减少500吨，收购玉米的来源主要是东北三省玉米，收购比例占80％以上。当地玉米的霉变2％左右，因有不同程度的霉变，收购过程把关较难，不合格的多，东北玉米不难收购，价格无异，所以以收购东北玉米为主。④潍坊市高密市发民饲料有限公司，由于当地的玉米霉变很少，玉米收购不困难，收购价格为0.88元/斤，收购水平和2016年比较相差不大。

（三）加工环节

1月正值春节，节后的2月玉米市场恢复缓慢，致使第一季度（1～3月）市场玉米需求量偏低，月平均消耗约290万吨，1月、2月、3月市场玉米消耗分别为329万吨、253万吨、278万吨。3月开始，玉米深加工行业开工率逐渐增加，玉米淀粉行业开工率为75％以上，环比稳定。企业原料库存维持相对较低的位置，补库需求支撑玉米价格连续出现上调。养殖市场也逐渐恢复，且较低的玉米价格，各饲料企业逐渐提高饲料中玉米的占比，3月玉米需求量明显回升。

4月，受玉米价格上涨影响，玉米淀粉企业利润水平下降，山东省各地淀粉企业开机率呈下降趋势，盈利处于亏损加剧状态；5月，山东省1吨淀粉理论亏损约150元；4月，畜禽养殖规模扩大明显，饲料需求进一步增加；5月，下游养殖持续疲软，鸡蛋价格创新低，养鸡市场加快了淘汰鸡的速度，饲料需求持续偏弱。养猪市场相对平稳，原料玉米占比提高。

6月，下游企业利润水平下降，开工率出现明显下滑，1吨淀粉理论上亏损约188元。饲料玉米方面，饲料需求步入淡季，饲料玉米用量微幅下调。畜禽产品需求总体维持疲软状态，生猪存栏量和能繁母猪存栏量处于历史低位，生猪饲料需求总体一般。由于前期鸡蛋价格连续下跌，产蛋鸡存栏数量已经明显下降，致使禽料消费继续下滑。7月中下旬开始，深加工企业开工率开始止跌回升，拉动深加工玉米需求上涨。饲料玉米方面，猪料玉米保持小幅增长，禽料玉米下降。8月中旬以来，玉米淀粉和酒精价格双双走强。山东省企业1吨玉米淀粉理论上盈利34元/吨。9月，受第四轮环保风暴影响，山东省部分淀粉企业出现停产。9月底，环保整顿风渐弱，企业生产逐步恢复。从禽料方面来看，天气转凉，蛋鸡采食量增加，拉动禽料消费上涨。

10月，生猪市场需求总体偏弱，禽料方面各环节采购积极性不佳，一般都随用随购；深加工企业开工率继续提高，下游企业玉米需求量明显增加。11月，禽料缓慢复苏，饲料需求量在235万吨左右，较上月增长3.07%；深加工行业开工率继续提升，企业维持较高利润水平，部分企业生产线甚至超负荷运行。以玉米淀粉行业为例，11月24日，开工率约为76.41%，环比继续上涨。12月22日，开工率约为74.42%，环比微幅下调。

（四）山东省玉米收购情况

2017年，玉米消耗统计3 609万吨，同比增加3.59%。其中深加工玉米消耗统计量2 084万吨，同比增长2.21%，饲料玉米消耗统计1 525万吨，同比增长5.54%。2017年山东省加工企业的玉米原料消耗同比增加33万吨，除6、7、8、9月消耗同比减少外，其他月同比消耗均有不同程度的增加。其中，2月同比消耗增加幅度最大，达到了19.27%，3月次之，增幅也达到了12.5%；饲用玉米消耗，除8月消耗持平外，其他月均高于2016年同期。其中，2月消耗同比增长幅度最大，3月次之（表1-7）。

表1-7 玉米企业消耗同比变化

项目	年份	1月	2月	3月	4月	5月	6月	7月	8月	9月	10月	11月	12月	合计
山东省玉米企业月总消耗量	2016年（万吨）	292	201	232	273	291	303	298	297	312	324	336	325	3 484
	2017年（万吨）	309	233	258	282	309	291	297	289	315	330	349	347	3 609
	同比（%）	5.82	15.92	11.21	3.30	6.19	−3.96	−0.34	−2.69	0.96	1.85	3.87	6.77	3.59
深加工企业玉米需求量	2016年（万吨）	181	109	120	156	171	180	175	172	182	194	204	195	2 039
	2017年（万吨）	190	130	135	158	182	165	170	164	180	195	208	207	2 084
	同比（%）	4.97	19.27	12.50	1.28	6.43	−8.33	−2.86	−4.65	−1.10	0.52	1.96	6.15	2.21
饲料企业玉米需求量	2016年（万吨）	111	92	112	117	120	123	123	125	130	130	132	130	1 445
	2017年（万吨）	119	103	123	124	127	126	127	125	135	135	141	140	1 525
	同比（%）	7.21	11.96	9.82	5.98	5.83	2.44	3.25	0.00	3.85	3.85	6.82	7.69	5.54

四、市场形势分析

(一)价格走势

随着寒冬季节的来临,冰雪天气影响东北粮外运。东北玉米到山东的运费是360~400元/吨,东北装车价明显低于当地现粮的收购价格,但增加运费后的到厂价达到了0.94~0.97元/斤,运费高昂,直接导致外运粮到厂价上涨的局面;国家定向或提前拍卖等相关政策的出台,是调控价格持续上调的重要手段;东北地区深加工补贴政策是否继续值得关注,将直接影响东北玉米的内销、外运比例结构和市场价格波动。

(二)收购形势

随着时间的推移,山东当地的玉米基本完成晾晒,达到上市出售的含水量标准,粮农的售粮习惯和价格波动幅度是影响玉米上量的主要因素,还没有出售的玉米,一般都完成了囤放。按照往年的出售习惯,春节前将有一次售粮高峰,但也不排除市场玉米价格出现明显上涨粮农提前出售的现象。除了部分地区出现霉变,现粮无法供给饲料收购而从周边省及东北收购外,各地基本未出现买难、卖难的现象。

(三)玉米生产动向判断

从前期的调研了解到,种植大户玉米季基本处于不盈利甚至亏损的状态,退租在各地均有发生,调减土地流转费或改变土地流转经营模式(如农村合作社,代种、代管、代收等)是种植大户在努力调整的方向。真正流转土地进行粮食规模经营的农户,他们种植小麦玉米的生产结构不会改变。2017年国务院印发《关于建立粮食生产功能区和重要农产品生产保护区的指导意见》,11月17日,山东省政府召开了常务会议,确定将3年完成划定、5年基本建成粮食生产功能区和重要农产品生产保护区,这是保障粮食安全和重要农产品供给的重大举措。所以,山东省2018年的玉米种植面积维持稳定。

(四)玉米消费形势判断

前期(6~9月)的环保整顿,在一定程度上影响了山东省市场的玉米消耗水平,随着冬季来临,饲用及深加工企业的玉米消耗呈恢复性增长。9月中旬,15个部门联合印发《关于扩大生物燃料乙醇生产和推广使用车用乙醇汽油的实施方案》,这将在很大程度上加大深加工玉米原料的使用,促使玉米消耗增加。

五、当前市场存在的问题

近期玉米价格呈小幅增长,较2016年同期略高,但涨幅不大。从收益角度考虑，粮农还存在一定的惜售心理，价格还没有达到种植收益的预期。菏泽调研反馈，综合各地土地流转费的平均水平，玉米售价应维持在 0.85 元/斤左右比较合理，这是保证玉米种植不亏损、保证流转大户长期发展的价格水平。目前，市场未出现卖难现象。同时，全国各地的玉米供应充足，各地企业收购，尤其是饲料企业，也未出现买难的现象。山东个别地区，因为收获适逢阴雨，晾晒不及时而产生籽粒霉变，因而市场优质玉米的收购把关较难，导致多数企业直接购进外地玉米，市场供需整体表现平衡。

农业种植业结构调整是一个长期持续的过程。山东传统的种植经营模式下，土地规模化是实现土地生态可持续发展的必然途径，流转大户经营、各类合作社经营都是实现规模化的最有效方式。要想实现土地规模化经营与管理，对大户和合作社经营的政府扶持政策力度还不够，缺少必要的和长期有效的政策规范。例如，土地种植补贴（补给种地的还是补给出租土地的）、土地承包补贴、种植收益保障性补贴等。

六、政策建议

（一）保障新型经营主体（种植大户及合作社等）的利益

每次调研，总能听到玉米种植大户们叫苦不迭，"种玉米肯定只赔不赚，再这样下去，肯定种不下去了，也不能种了"，这是听到的最多的声音。既然支持经济转型，就应该有相应的政策扶持。加大对新型经营主体的扶持政策，只有收益和利益得到了基本保障，规模化经营模式才能长期高效地发展下去。

在基础设施建设上，建议支持新型农业经营主体土地整治和高标准农田建设；加强金融信贷支持，支持新型经营主体粮食营销贷款和大型农机具融资租赁贷款。

（二）加大对烘干设备的扶持

对烘干设备的扶持包括两个方面：一是扶持现有烘干设备的升级改造。在全国上下环保整顿的大环境下，现有的少量烘干设备，不符合继续使用的要求，要出台相关政策扶持旧设备的技术升级改造，使其继续投入使用；二是加大对新上烘干设备的扶持政策出台和扶持力度。秋收后的调研发现，集中收获期恰逢出现阴雨天气，零散分布的少量烘干设备根本无法满足烘干要求，往往是排好几天都等不上，而这几天正是造成霉变的关键时期。

山东省玉米、小麦连作，玉米收获倒茬种小麦，多数农户是到点就收，一般是在 10 月上中旬，这段时间，山东省往往会出现换季期的阴雨天气，对收获后的玉米晾晒影响很大，如果没有及时烘干，一般都会产生不同程度的霉变。

（三）加大适期晚收的宣传力度

在保证小麦正常播种的前提下，适当延后玉米的收获期，可以达到高产、优质、增效。适期晚收，玉米完熟，一般能增产100～200斤/亩，同时，晚收避开了集中在10月中旬的阴雨天气，减少或避免霉变的发生，玉米质量大大提高，高产又优质，农民的收益也相应增加。

临沂市临沭县有一农户种植玉米1 100亩，采用矮化密植种植，10月22日玉米收获完成，亩产（净粮）1 700斤，直接烘干含水量至14%，一次性销售到当地饲料厂，价格0.88元/斤。

（四）加强对农业保险的关注

农业保险门槛较高，赔付额度低，直接影响了农户对农业保险的响应和接受度。要鼓励和支持保险机构，开展多种形式的粮食保险业务。

第六节　2018年山东省玉米生产及市场形势分析

2018—2019年度，山东省玉米总体表现为面积减少，单产及总产略降，生产成本较2017年略增。市场需求端基本平稳，农户收益较2017年略增。

一、生产形势分析

（一）面积、单产和总产

较2017年比较来看，2018年山东省玉米面积减少约100万亩，据普查前的统计数据来看，籽粒玉米收获面积4 625万亩左右。单产和总产小幅减少，单产425千克/亩，总产在1 965万吨左右。玉米总播种面积保持平稳略降，面积减少主要是因为部分地区大豆面积的增加，其他调整类型较少。山东省固有的农业资源特征和农作种植习惯决定了玉米相对稳定的种植面积和种植结构；单产降低，主要原因是播种期干旱、花期高温和灌浆期大风降雨天气导致的积涝和倒伏。

（二）生产成本效益及同比变化情况

菏泽市的土地流转费维持在800～900元/亩，玉米季的收益连年处于亏损状态；聊城市和潍坊市两地的流转大户，在较低土地流转费用的前提下，每年的玉米及收益保持一个良好的水平；临沂市临沭县的案例则是因为异常天气导致大幅减产，致使2017年是亏损的状态，较2016年丰产状态的收益可谓差别较大。此外，各地不同程度存在的一个现象是，粮农直补的发放是到土地所有者手里，而非给到土地流转承包者，多种因素导致很多地区的流转大户经营困难，收益得不到保障，陆续出现退租的现象。因此，土地承包流转的经营模式，从长远发展来看存在一定的问题和困难（表1-8～表1-11）。

表1-8 菏泽市郓城县信息员资料

年份	土地翻耕（元）	种子（元）	肥料（元）	播种（元）	水电费（元）	病虫防治（元）	收获+秸秆还田（元）	土地流转费（元）	人工费（元）	产量（斤/亩）	卖价（元/斤）	亩收益（元/亩）
2017年	35	40	120	15	25	35	90	460	70	900	0.78	−188
2018年	35	40	120	15	25	35	80	460	80	1 050	0.82	−29
同比（%）	0	0	—	0	0	0	11.11	0	14.29	16.67	5.13	—

表1-9 聊城市莘县信息员资料

年份	土地翻耕（元）	种子（元）	肥料（元）	播种（元）	水电费（元）	病虫防治（元）	收获+秸秆还田（元）	土地流转费（元）	人工费（元）	产量（斤/亩）	卖价（元/斤）	亩收益（元/亩）
2017年	50	50	100	13	20	30	60	250	100	1 050	0.87	240.5
2018年	50	50	100	15	20	35	60	250	100	980	1.02	319.6
同比（%）	0	0	0	15.38	0	16.67	0	0	0	−6.67	17.24	32.89

表1-10 潍坊市高密市信息员资料

年份	土地翻耕（元）	种子（元）	肥料（元）	播种（元）	水电费（元）	病虫防治（元）	收获+秸秆还田（元）	土地流转费（元）	人工费（元）	产量（斤/亩）	卖价（元/斤）	亩收益（元/亩）
2017年	0	45	150	18	80	12	90	300	120	1 300	0.82	251
2018年	0	42	180	18	0	10	90	300	80	1 050	0.85	172.5
同比（%）	—	−6.67	20	0	−100	−16.67	0	0	−33.33	−19.23	3.66	−31.27

表1-11 临沂市临沭县信息员资料

年份	土地翻耕（元）	种子（元）	肥料（元）	播种（元）	水电费（元）	病虫防治（元）	收获+秸秆还田（元）	土地流转费（元）	人工费（元）	产量（斤/亩）	卖价（元/斤）	亩收益（元/亩）
2017年	50	70	130	30	70	50	100	400	70	2 000	0.85	730
2018年	50	70	130	30	70	50	100	400	70	1 000	0.95	−20
同比（%）	0	0	0	0	0	0	0	0	0	—	11.76	—

（三）籽粒玉米质量

不同于 2016 年玉米收获期的降雨天气，在 2017 年收获期间，各地天气以晴好为主，玉米发生霉变的情况极少，故籽粒玉米质量明显好于 2016 年。花期高温和灌浆期降雨大风的异常天气，造成玉米授粉不良和灌浆不彻底，部分地区玉米出现不同程度的秃尖和瘪粒。

二、市场形势分析

包括 2017 年以来玉米价格总体走势情况；新玉米上市以来价格走势及同比变化情况，如开秤价及同比变化、开秤后走势、当前价格及同比变化；收购进度及同比变化；市场主体购销心态；企业库存及同比变化等。

（一）玉米价格走势

由 2018 年度山东省玉米价格走势（图 1-10）可以看出，3 月初至 4 月上旬，出现了一次先升后降的高峰，10 月中旬开始，又出现了一次价格持续上调的过程，且价格超过了 2018 年春节后的价格高峰点。

整体来看，2018 年度的玉米价格明显高于 2017 年（图 1-9），且 2018 年的价格波动幅度明显低于 2017 年。2018 年初至今，山东省玉米市场企业的平均收购价格为 0.951 元/斤，粮商的平均收购价格为 0.913 元/斤，2016 年同期的价格分别为 0.860 元/斤和 0.822 元/斤，同比分别增长了 10.59%和 11.03%。

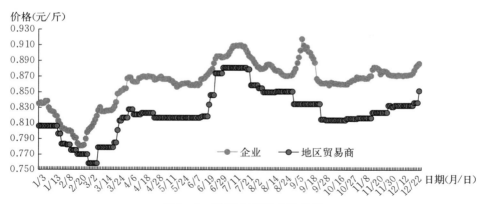

图 1-9　2017 年玉米收购价格

新玉米上市以来，玉米市场价格保持在 0.90 元/斤以上（干粮），且企业收购价格保持持续上涨的态势，各地企业的平均收购价逼近 1 元大关。2017 年的玉米价格，企业收购和粮商收购价均明显较低。由下表可以看出新玉米上市前后，2018 年度玉米价格表现为同比增长幅度逐渐增大，这是因为 2017 年

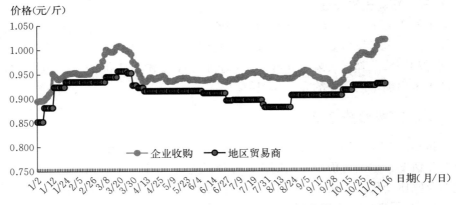

图 1-10　2018 年山东省玉米收购价格

同期的玉米价格基本维持平稳，而 2018 年玉米价格，在 10 月保持持续上涨的变化。2018 年贸易商的收购价格远远高于 2017 年同期企业主体的市场收购价（图 1-11、表 1-12）。

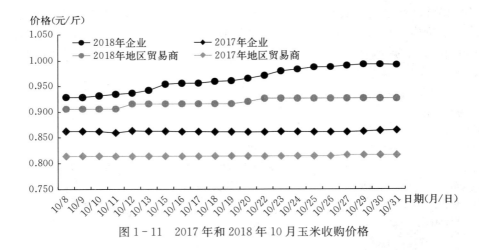

图 1-11　2017 年和 2018 年 10 月玉米收购价格

表 1-12　2017 年和 2018 年 10 月玉米收购价格及同比变化

10 月	企业收购			
	2018 年（元/斤）	2017 年（元/斤）	涨跌（元/斤）	同比（%）
8 日	0.929	0.862	0.067	7.77
9 日	0.929	0.862	0.067	7.75
10 日	0.931	0.861	0.070	8.13
11 日	0.934	0.859	0.076	8.79

（续）

10 月	企业收购			
	2018 年（元/斤）	2017 年（元/斤）	涨跌（元/斤）	同比（%）
12 日	0.937	0.863	0.074	8.59
13 日	0.942	0.862	0.080	9.31
15 日	0.954	0.862	0.092	10.68
16 日	0.956	0.861	0.094	10.97
17 日	0.956	0.861	0.095	11.01
18 日	0.959	0.861	0.098	11.44
19 日	0.960	0.861	0.100	11.60
20 日	0.965	0.860	0.105	12.16
22 日	0.970	0.860	0.110	12.79
23 日	0.979	0.861	0.118	13.72
24 日	0.983	0.861	0.122	14.17
25 日	0.987	0.860	0.127	14.72
26 日	0.987	0.860	0.127	14.76
27 日	0.99	0.860	0.130	15.07
29 日	0.992	0.861	0.131	15.23
30 日	0.992	0.863	0.130	15.01
31 日	0.992	0.864	0.128	14.82

当前价格及同比变化，以 11 月 10～16 日的价格来看，每日的环比变化幅度明显变缓。截至 10 月 16 日，山东省市场企业平均收购玉米价格达到了 1.019 元/斤，2017 年同期价格为 0.871 元/斤，同比增长 17.065%；16 日粮商玉米收购价约在 0.929 元/斤，2017 年同期价格为 0.817 元/斤，同比增长约 13.709%（表 1-13、图 1-12）。

表 1-13　2017 年和 2018 年 11 月玉米收购价格及同比变化

11 月	企业收购			地区贸易商		
	2018 年（元/斤）	2017 年（元/斤）	同比（%）	2018 年（元/斤）	2017 年（元/斤）	同比（%）
10 日	1.010	0.869	16.273	0.929	0.817	13.709
11 日	1.015	0.869	16.801	0.929	0.817	13.709
12 日	1.017	0.869	17.015	0.929	0.817	13.709
13 日	1.017	0.868	17.248	0.929	0.817	13.709

（续）

11 月	企业收购			地区贸易商		
	2018 年 （元/斤）	2017 年 （元/斤）	同比 （%）	2018 年 （元/斤）	2017 年 （元/斤）	同比 （%）
14 日	1.019	0.868	17.476	0.929	0.817	13.709
15 日	1.020	0.868	17.473	0.929	0.817	13.709
16 日	1.019	0.871	17.065	0.929	0.817	13.709

图 1-12 2017 年和 2018 年 11 月 12～18 日玉米收购价格

（二）收购进度

从收购和售粮进度来看，山东省玉米现在有 50% 来自东北，以东北拍卖粮为主，截至 11 月，各地粮农的售粮进度约为 30%，大部分在农民手里，较 2017 年同期基本持平。但是售粮进度偏慢的原因不同，2017 年玉米出售进度偏慢主要是因为阴雨天气导致的籽粒含水量偏高和霉变，2018 年玉米出售偏慢是由于新玉米上市后，开秤价明显高于 2017 年，且未出现往年同期开秤后价格平稳甚至下调的现象，而是价格一路上涨，导致农户存粮惜售。

（三）市场购销及企业库存

当前玉米价格仍表现出明显的上涨势头，市场普遍吃准玉米供不足需的形势，惜售等价；企业需求方面，深加工企业在一段时间的前期库存消耗之后，为保证安全库存不断提价刺激到货量，各地企业库存水平均低于 2017 年同期。随着冬季到来气温下降，伴随近日各地的阴雨天气影响，存粮主体惜售看涨心态不变，企业到货量增长或需再度提价，短时间内企业建库意愿较强，价格继续偏强运行。随着东北粮的陆续上量和陈粮出库，市场粮源增加，价格上涨势头减弱。

三、消耗形势分析

山东省玉米市场逐月消耗量见表 1－14 和图 1－13。2018 年，截至 10 月，山东省市场玉米消耗总量统计在 3 275 万吨，同比增长约 5.2%，月平均消耗达到 327 万吨左右。

表 1－14　2017 年和 2018 年 1～10 月玉米玉米消耗量

月份	总消耗量			深加工企业消耗量			饲料企业消耗量		
	2017 年 （万吨）	2018 年 （万吨）	同比 （%）	2017 年 （万吨）	2018 年 （万吨）	同比 （%）	2017 年 （万吨）	2018 年 （万吨）	同比 （%）
1 月	329	356	8.21	190	206	8.42	119	130	9.24
2 月	253	309	22.13	130	175	34.62	103	114	10.68
3 月	278	344	23.74	135	195	44.44	123	129	4.88
4 月	302	330	9.27	158	178	12.66	124	132	6.45
5 月	329	323	−1.82	182	173	−4.95	127	130	2.36
6 月	311	320	2.89	165	180	9.09	126	120	−4.76
7 月	317	310	−2.21	170	168	−1.18	127	122	−3.94
8 月	309	308	−0.32	164	163	−0.61	125	125	0.00
9 月	335	329	−1.79	180	182	1.11	135	127	−5.93
10 月	350	346	−1.14	195	198	1.54	135	128	−5.19
总量	3 113	3 275	5.20	1 669	1 818	8.93	1 244	1 257	1.05

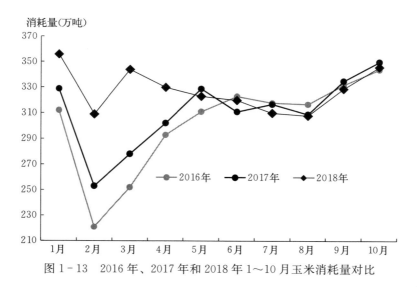

图 1－13　2016 年、2017 年和 2018 年 1～10 月玉米消耗量对比

1～10月，统计深加工企业的玉米原料消耗1 818万吨，消耗同比增长8.93%。5月、7月和8月的同比消耗略降，其他月均有不同程度的增长。其中，以2月和3月的同比消耗增长最为明显（图1-14）。

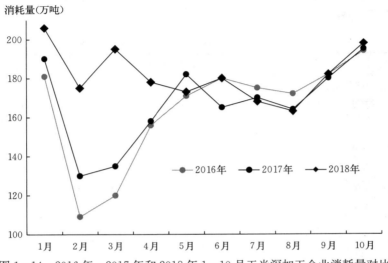

图1-14　2016年、2017年和2018年1～10月玉米深加工企业消耗量对比

2018年，山东饲用企业1～10月玉米原料消耗总量约为1 257万吨，较2017年同期消耗增长13万吨，同比变化不大。6月、7月、9月、10月消耗同比略降，其他月消耗同比增加。其中，1月、2月增长明显（图1-15）。

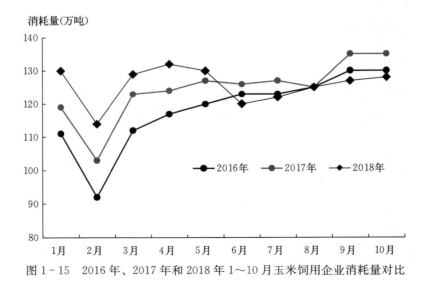

图1-15　2016年、2017年和2018年1～10月玉米饲用企业消耗量对比

受高粱等低蛋白原料的使用限制影响，豆粕、玉米干酒糟、小麦、麸皮等替代品的使用消耗增长，但受市场供应量及价格的影响，对各类替代品的使用比例调整不大，玉米原料在饲用企业消费中的比例变化不大。对企业市场而言，深加工企业产品市场需求势头较旺，产品效益高，企业生产积极性高，近期开工率保持在 70％以上。饲料企业禽料销售较为顺利，行情较好，猪料销售回升较慢。

四、短期市场走势判断

综合分析玉米市场供需形势，供给缺口较大，山东各地需求端的不断提价，有争粮抢粮的征兆。东北基层及其烘干塔或有在 11 月中下旬售粮及开塔贸易的预期，11 月中下旬产地贸易购销预计将明显转旺，叠加当前陈粮获利出货的现状，整体供应局面将趋宽松，而从饲用企业采购仍以陈粮为主的现状看，结转陈粮的替代作用显著。但受东北地区新粮上市偏晚且部分地区减产的影响，看涨预期及惜售心态仍存，预计玉米价格或呈波动震荡运行，走弱的空间不大。进入中下旬，关注东北基层售粮心态的转变及天气、物流对粮质粮价的影响。

收购面临的形势：农户和贸易商均看好供给市场，收购方为了维持安全库存，或将不得不通过不断调整收购价格来刺激上量。11 月 20 日，东北深加工企业玉米收购价提高 50 元/吨，东北玉米被当地企业高价拦截了，下一步山东或将还会出现粮荒。综合后期玉米市场的需求形势来看，深加工企业消费将保持稳定小幅略增的趋势，饲料企业消费缓慢小幅回升。市场供需短期内仍呈现供不应求的局面，抢粮大战再次出现也不无可能。

2019 年玉米生产动向判断：结合已经完成播种的小麦面积来看，2019 年玉米的播种面积保持稳定甚至小幅增长。主要原因有两点：一是 2018 年玉米市场的价格明显好于 2017 年，农户收益有了基本保障甚有小幅增长；二是综合看玉米市场的供给形势，在现有的临储库存水平下，2019 年市场诸多因素都看好供给端，市场价格或将继续走强。

五、市场存在的问题

综合分析山东 2018 年的玉米市场，主要存在以下几个方面的问题。一是供不足需的问题，山东省玉米市场的玉米消耗量，每年稳定在 3 800 万吨左右，而每年的籽粒玉米产量一般在 2 050 万吨左右，1 800 万吨左右的玉米需要外购；二是受售粮习惯、市场供需形势等的影响，同时考虑后期各类异常天气的影响，外购玉米的运输费用可能会增长，短期内山东省玉米市场价格或将持续走强；三是通过前面价格部分的分析，2018 年的玉米种植收益，去除异常天气导致的减产因素外，**市场价格形势明显好于 2017 年**，这在一定程度上激发了农户种植玉米的积极性和信心，2019 年的玉米播种面积备受关注。

菏泽郓城一大户信息员反馈，2017 年种植的大豆，产量平均在 200 千克/亩左右，机械收获过程中，出现了破损粒多，豆粒色泽差等现象，影响了大豆的商品性。大豆种的市场价在 2.1 元/斤，商品粮出售的价格会更低，大豆种植收益较差，大豆种植补贴成了大豆种植收益的唯一保证。该农户有意将自己承包的 500 亩地 2019 年继续全部种植玉米。

山东省玉米的种植结构相对稳定，受养殖市场和籽粒玉米价格的影响，玉米粮改饲的面积在每年间会有小幅波动，玉米的总播种面积，年度之间变化不大。政策方面，以稳定一定的玉米面积为主，作物种植面积的调整以杂粮小农作物为主，主要包括花生、高粱、大豆、甘薯等。

六、政策建议

针对玉米市场存在的问题，提出如下几点建议。

（1）政策倾斜。保证土地流转经营模式的发展，在粮农补贴等方面出台政策性文件，保证补贴的及时发放，明确发放形式，补贴要补给种地的人。

（2）在基础设施建设上，建议支持新型农业经营主体土地整治、高标准农田建设和中低产田改造；加强金融信贷支持，支持新型经营主体粮食营销贷款和大型农机具融资租赁贷款。

（3）继续大力推行轮作休耕土地养护政策。依靠掠夺资源种植农产品的方式是不可持续的，推进轮作休耕试点是提高农业供给体系质量的重要途径。抓好资源利用的加减法，加大基础设施建设投入，开展轮作休耕试点，不断提升耕地质量，做到藏粮于地。

（4）加大适期晚收的宣传力度。在保证小麦正常播种的前提下，适当延后玉米的收获期，以达到高产、优质、增效的目的。

第七节　2018 年山东省第四季度玉米市场供需报告

第四季度（10～12 月），新粮上市近一个月，价格呈一路涨势；11 月、12 月价格保持高位运行；季度内企业平均收购价最高 1.019 9 元/斤，最低 0.922 6 元/斤。随着市场集中上量，进口替代增多，价格呈弱势震荡调整；轮储收购和企业节前备库将是价格的重要支撑；春节临近，1 月玉米价格或将出现小幅反弹。

一、市场价格

第四季度，山东省玉米市场企业交易价格涨跌并存，季度内价格整体表现呈上涨的变化。贸易商市场现粮收购价呈阶段性上涨。其中，10 月和 11 月分别出现了两次价格上调。12 月，市场现粮交易价格无涨跌变化。现粮市场交易价格季度内平均 0.931 元/斤，最低交易价格 0.906 元/斤，最高交易价格 0.944 元/斤，变幅 76 元/吨；企业交易价格季度内平均 0.992 元/斤，最低收购价 0.923 元/斤，最高收购价 1.020 元/斤，变幅 194 元/吨。

现粮市场，10 月中旬和下旬出现的两次价格上调涨幅均为 20 元/吨。11月出现的两次价格上调分别出现在上旬和下旬，涨幅分别为 6 元/吨和 30 元/吨。11 月下旬涨至高点后无价格变化；10 月，企业收购市场价格一路快速上涨，月末较月初价格上涨幅度达 138 元/吨。11 月，企业收购价涨跌互现，分别出现了两次下调和两次上涨的变化。12 月，玉米企业收购价格稳步下调，月末较月初下调幅度 40 元/吨（图 1-16）。

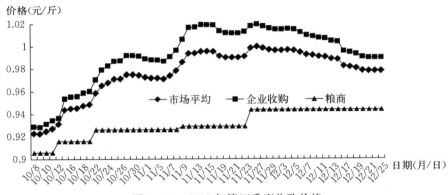

图 1-16　2018 年第四季度收购价格

春节前是粮农的习惯性集中售粮阶段，综合玉米产品需求市场的形势，短期内玉米市场价格或将保持弱势震荡运行。但春节临近，各地企业陆续进入后期备库阶段，同时看好后期的生猪补栏，故 1 月或春节后，玉米价格或将又会出现小幅反弹的走势。

二、生产情况

玉米总面积减少约 100 万亩，单产和总产小幅减少，单产 425 千克/亩左右，总产 1 965 万吨左右。播种期干旱、花期高温和灌浆期大风降雨天气导致的积涝和倒伏是产量降低的主要原因，籽粒玉米质量明显好于 2017 年。从成本收益来看，玉米季流转费在 400 元/亩以上的承包大户，亩均收益较低甚至呈亏损状态；流转费在 400 元/亩以下的地区，在 2018 年玉米市场价格较高的形势下，玉米生产成本收益较好。

10 月，各地玉米处于收获晾晒阶段。注重玉米晚收的经验大户，一般在 25 日前完成玉米收获和小麦播种工作。11 月，农户集中进行玉米晾晒和脱粒。市场普遍看好新季玉米，农户惜售、贸易商屯粮现象普遍。12 月，农户的存粮晾晒工作都已基本结束，双节临近，粮农销售积极性明显增加。但价格持续下调，部分种植户又开始出现挺价心理。

三、市场情况

（一）玉米购销情况

10 月，玉米价格一路高涨，玉米收获后无晾晒条件和无存储能力的农户积极出售潮粮，但上量偏少，售粮进度与 2017 年同期比较偏慢，市场处于惜售缺粮期。同时，贸易商对未来玉米价格看好，囤粮现象明显。深加工企业以消耗前期拍卖粮为主，在提价后到货增加仍显不足的情况下，玉米价格逐步推高。"惜售性缺粮"是助推价格持续上调的主要原因。

11 月，市场价格涨跌并存，价格维持高位运行，农户惜售情绪浓。各地粮农的售粮进度 25% 左右，新粮出售进度同比偏慢。市场交易玉米的 50% 左右来自东北拍卖粮。随着天气好转以及玉米价格涨至高位，本地贸易商出货及东北陈粮到货均增加，企业收购量迅速回升。

12 月，玉米价格稳步下调，基层售粮进度明显增加，山东省售粮进度 35%～38%。企业厂门到货可满足日常生产需求，在供应充足影响下，企业考虑成本不断压价收购，不断下调的价格刺激部分种植户挺价心理趋强。同时，中国储备粮管理集团有限公司（以下简称"中储粮"）开始收购轮换玉米，企业陆续开始为后期备货，节前供需方或将进入新一轮的价格博弈战。

（二）加工环节

山东省加工企业维持高开工率，保持在 7 成以上。10 月，玉米淀粉及副产品连涨，厂家利润增大；玉米酒精厂家轮换检修结束，盈利空间较大，库存下降明显，厂家持续提涨争收。11 月，下游玉米淀粉、玉米酒精等加工利润维持高位，生产积极。12 月，玉米淀粉销售受阻，利润下降，企业开工率维持 7 成以上，淀粉消化玉米基本稳定。部分玉米酒精厂家恢复开工，少数新增产能开始释放，酒精消化玉米略有增多。

10 月，下游饲料玉米用量稳中小涨，禽料行情较好，销售较为顺利；受各地猪瘟疫情的影响，猪料销售回升较慢；11 月，猪存栏量继续下降，此外禽料苗种紧张，部分地区鸡鸭存栏量也出现下滑，饲料玉米消费出现较大回落；12 月，下游饲料玉米用量继续下降，受鸡鸭苗价格太高影响，养殖户补栏谨慎，禽料销售下降明显；非洲猪瘟明显影响生猪存栏量，猪料消费继续减少。

（三）山东省玉米消耗情况

第四季度，山东省企业玉米消耗统计约为 949 万吨，同比减少 7.50％。其中，深加工企业玉米消耗约为 615 万吨，同比小幅增长 0.82％；饲料企业玉米消耗约为 334 万吨，同比约减少 19.71％（表 1-15）。

表 1-15　2018 年第四季度玉米企业消耗量及同比

项　　目	企业加工总消耗量	深加工企业玉米消耗量	饲料企业玉米消耗量
2017 年 10～12 月（万吨）	1 026	610	416
2018 年 10～12 月（万吨）	949	615	334
同比（％）	−7.50	0.82	−19.71

四、短期市场形势

12 月，一路下调的玉米价格增强了部分种植户的挺价心理。应关注春节前市场玉米的上量节奏，关注生猪的补栏及饲用玉米消费的恢复情况，关注进口替代的到港情况。

第八节　2018 年山东省玉米市场供需报告

春节临近，市场集中上量，进口替代增多，价格将呈弱势震荡调整；轮储收购和企业节前备库将是价格的重要支撑；2018 年玉米价格均高于 2017 年，玉米企业收购年度内平均 0.956 9 元/斤，同比增长 0.101 4 元/斤，涨幅 11.86％；年度内企业收购最低价出现在年初的 1 月，为 0.894 0 元/斤，最高价出现在 11 月，为 1.019 5 元/斤（表 1-16）。

表 1-16　2017 年 12 月至 2018 年 12 月山东省及全国玉米价格（元/斤）

年月	山东省价格	全国价格
2017 年 12 月	0.825	0.900
2018 年 1 月	0.878	0.950
2018 年 2 月	0.925	0.980
2018 年 3 月	0.933	0.995

（续）

年月	山东省价格	全国价格
2018 年 4 月	0.925	0.983
2018 年 5 月	0.924	0.980
2018 年 6 月	0.923	0.980
2018 年 7 月	0.922	0.980
2018 年 8 月	0.908	0.970
2018 年 9 月	0.923	0.980
2018 年 10 月	0.928	0.990
2018 年 11 月	0.932	0.992
2018 年 12 月	0.945	0.997

注：山东省价格为重点调查县市贸易商当地市场平均收购价格。全国价格为农业农村部每月提供的数据资料。

一、市场价格

2018 年，山东省玉米市场企业收购价，在 1 月中旬、3 月上旬、10 月、11 月上旬共计出现了 4 次明显的上调过程。其中，10 月上旬开始的这一轮价格上调过程，持续约 45 天，自价格低位到峰点涨幅达 193 元/吨。3 月、11 月和 12 月价格维持高位，2 月及 4～9 月价格涨跌变化不大。1 月初企业收购价是年度内的最低，最高收购价出现在 11 月中旬。企业 2018 年度平均收购价 0.956 9 元/斤，同比增长 11.86%（图 1-17）。

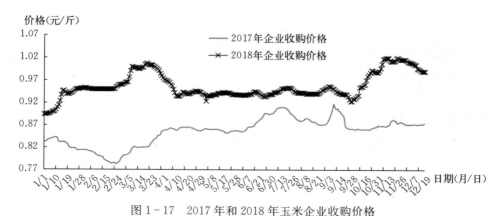

图 1-17　2017 年和 2018 年玉米企业收购价格

2018 年，山东省玉米企业市场收购价格，在 3 月下旬至 4 月中旬前后，出现了一次比较明显的下跌过程，由价格高点的 1.007 6 元/斤，跌至 0.934 7

元/斤，跌幅146元/吨。下跌的主要原因是受临储玉米泄库开拍的影响，自开拍起，周平均释放量都在700万吨以上，直接打压了现货市场价格。4月13日企业交易价格跌至新低后，14~18日出现反弹回升，之后涨跌互现，市场价格整体稳定；9月，新玉米上市，同时叠加临储拍卖玉米的高频次及高上量的拍卖成交，企业收购价又出现了一次本年度内的明显下调；12月，市场交易价格在经历了10月和11月两个月的不断上调过程后，止涨进入一个持续下调的过程。

二、生产情况

2018年山东夏季籽粒玉米播种面积较2017年约减少100万亩，主要原因是部分地区调增了大豆的种植面积。6月，各地玉米播种墒情尚可，出苗状况整体良好；7月下旬，各地遭遇持续高温干旱天气，部分地区出现生长缺水和高温生理热害，导致授粉灌浆期的玉米穗出现授粉不完全和秃尖、瘪粒等，造成减产；8月13~14日和18~19日遭遇了两次较强的降雨过程。其中，13~14日的降雨伴随大风，部分地区的玉米发生了大风倒伏和积水灾害。但受前期干旱的影响，本次降水明显缓解了旱情，积水危害不大。19日前后的降雨，部分地区的玉米出现积涝，潍坊市玉米受灾120.45万亩、成灾40.78万亩、绝收14.16万亩，受灾主要集中在寿光市。降雨伴随大风导致的倒伏和高温热害是引起玉米小幅减产的主要原因。

成本方面，尿素价格较2017年增长了350元/吨，复合肥价格增长了200元/吨。2018年夏玉米种植，每亩地的肥料成本约增加30元左右。自留非流转土地农户亩成本投入合计在527元/亩；自有机械的种植大户机械收种成本会节省85元/亩，成本在442元/亩，承包户玉米季的土地流转费一般在350~400元/亩，很多地区保持在400元/亩。按每亩玉米产量900斤（种植经验丰富的大户，适时晚收，产量可普遍提高50~100斤/亩），玉米价格0.90元/斤计算，农户（散户）亩收益＝900×0.90-527＝283（元/亩）；流转大户亩收益＝900×0.9-（442+375）＝-7（元/亩）。每亩流转费用在400元/亩的承包大户，亩收益则在-32元左右。

11月，农户集中进行玉米晾晒和脱粒。市场普遍看好新季玉米，农户惜售、贸易商屯粮现象普遍。12月，农户的存粮晾晒工作都已基本结束，双节临近，粮农销售积极性明显增加。但价格持续下调，部分种植户又开始出现挺价心理。节前的企业备库收购和轮储收购在一定程度上支撑短期内的玉米价格，继续下调的空间不大。

冬小麦进入越冬阶段，综合小麦-玉米轮作种植模式和2018年已完成播种的小麦面积来看，2019年玉米的播种面积保持稳定甚至小幅增长。主要原因：

一是 2018 年玉米市场的价格明显好于 2017 年，农户收益有了基本保障甚至有小幅增长；二是综合看玉米市场的供给形势，在现有的临储库存水平下，2019 年市场诸多因素都看好供给端，市场价格继续走强。

三、市场情况

（一）玉米购销情况

山东省市场的玉米消费量，每年稳定在 3 800 万吨左右，而每年的籽粒玉米产量一般在 2 000 万吨左右，1 800 万吨左右的玉米需要外购，供不应求是必然的。大比例的外购粮源，受天气、运费等因素影响，导致山东省玉米市场价格波动大。综合后期玉米市场的需求形势来看，深加工企业消费保持稳定小幅略增的趋势，饲料企业消费缓慢回升。市场供需短期内仍呈现供不应求的局面。随着东北粮的陆续上量和陈粮出库，市场粮源增加，价格上涨势头减弱。截至 11 月，山东省市场玉米消费总量统计在 3 606 万吨，同比增长约 3.56％，月平均消费达 327 万吨左右。

1 月至 2 月上旬，农户及贸易商积极出售，企业积极备库，出现售粮高峰，玉米市场价格开始出现明显反弹；春节期间，市场购销清淡，价格保持平稳态势；2 月下旬开始，随着市场逐渐回暖，企业节前库存消耗见底，因生产刚需和适度备库，开启新一轮提价收购。企业库存达到安全库存水平后，收购进入谨慎观望阶段。临储泄库拍卖的呼声越来越高。同时，贸易商担心后期拍卖底价偏低，惜售心态明显减弱，积极出货，玉米市场有效供应增加，价格开始回落。

4 月 12 日，临储玉米首拍，首周拍出约 700 万吨，后续每周的拍卖量也都在 700 万～800 万吨。4～5 月，主产区基层余粮迎来腾仓销售最后一次小高峰，玉米市场供应充足。玉米产品终端市场需求不旺，玉米价格上涨无有效支撑呈现持续下调的状态，导致部分基层、贸易商惜售，企业厂门到货量逐步萎缩，库存出现不同程度的小幅下降。因拍卖处于初期阶段，临储拍卖玉米不能大量供应市场，4 月中旬开始，出现企业小幅提升价格吸引上量的现象。后期随着拍卖玉米的陆续上市供应，市场进入相对稳定的供需状态，价格也无明显涨跌变化。

6 月开始，市场货源供应主要依靠东北粮和拍卖粮，出库节奏直接影响企业到货补库情况和现粮市场价格。玉米企业滚动补库为主，玉米购销较为平淡；7 月，临储玉米拍卖成交情况好转，国内玉米市场价格整体趋强，但供应充足，上调幅度有限，优质粮短缺现象普遍；8 月，陈玉米拍卖持续供给市场，供需保持宽松局面，前期订单合同陆续到货，收购积极性下降。受极端天气导致的减产预期和面积减少等因素影响，市场挺价心理有所加强，8 月下旬出现了短期的提价增收过程。9 月，在 8 月的短期补库结束后，随着零散少量的春玉米供应市场，加之夏玉米收获上市，价格回落。深加工企业继续高开工率，饲料市场也缓慢恢复，市场对玉米的消费需求进入稳定增长期。

10 月，玉米价格一路高涨，玉米收获后无晾晒条件和无存储能力的农户积极出售潮粮，但上量偏少，市场处于惜售缺粮期。同时，贸易商对未来玉米价格看好，囤粮现象明显。深加工企业以消耗前期拍卖粮为主，在提价后到货增加仍显不足的情况下，玉米价格逐步推高。11 月，市场价格涨跌并存，价格维持高位运行，农户惜售情绪浓。各地粮农的售粮进度低于 30%，新粮出售进度同比偏慢。市场交易玉米的 50% 左右来自东北拍卖粮。随着天气好转以及玉米价格涨至高位，本地贸易商出货及东北陈粮到货均增加，企业收购量迅速回升。12 月，玉米价格稳步下调，基层售粮进度明显增加，售粮进度达 35%～38%。在供应充足的影响下，企业考虑成本不断压价收购，不断下调的价格刺激部分种植户挺价心理趋强。同时，中储粮开始收购轮换玉米，企业陆续开始进入节前补库备货阶段，节前供需方进入新一轮的价格博弈战。

（二）加工环节

1 月，生猪价格总体继续回落，下游需求疲软；鸡蛋价格总体下滑，终端需求不旺。猪料和禽料饲料需求量都微幅下调，玉米消费减少；深加工企业利润大幅缩减，行业开工率环比出现下滑。2 月包含春节假期，玉米价格总体维持稳定，春节期间玉米购销停滞，下游用粮企业基本停收。饲料需求总体处于淡季，饲料玉米用量整体下降；深加工企业，2 月上旬和下旬开工率尚可，中旬大部分停产或者限产，开工率大幅下滑，玉米用量明显减少。3 月，饲料需求开工提升，饲料企业开工率恢复至春节前正常水平，禽料玉米消费增加明显，但生猪价格下跌一定程度上抑制了饲料的消费，猪料玉米增加幅度较小；下游深加工企业全面恢复开工，开工率明显上升，虽然原料玉米价格明显上涨，企业利润受到一定程度的压缩，但玉米用量较 2 月明显增加。

4 月，玉米价格下降明显，企业利润出现一定回升，但限产检修等致使开工率较 3 月小幅下降；下游畜禽饲料企业开工良好，禽料玉米消费继续增加。5 月，玉米淀粉现货市场价格震荡企稳；生猪养殖处于亏损状态，整体存栏增长受到明显的限制，禽料方面也是处于一个常规增长的状态，整体增幅非常有限。综合分析来看，临储玉米的大规模投放及有限的增长需求是打压现货市场的关键因素。6 月开始，深加工企业开工率逐步恢复，原料玉米价格维持低位运行，企业利润良好；饲料玉米用量略降，以猪料下降为主。

7 月，部分玉米酒精企业检修开工下降，深加工企业开工率环比小幅略降，企业利润尚可；下游饲料玉米用量稳中微增，禽料玉米消费相对稳定，猪料销量稍有回升。8 月，深加工企业集中停产检修，行业开工率环比持续走低，玉米用量比上月减少；下游饲料玉米用量小幅回升，禽料行情持续较旺，猪料销售止跌略升。9月，深加工企业开工率环比明显提高，玉米淀粉利润较高，玉米消费环比明显增加。玉米酒精企业轮换检修收尾，开工率逐渐回升；饲料玉米用量稳中略涨，禽料销售温和增长，猪料销售缓慢回升。自9月企业普遍恢复生产以来，开工率维持在7成以上。

10月，玉米淀粉及副产品连涨，厂家利润增大；玉米酒精企业轮换检修结束，厂家盈利空间较大，库存下降明显，厂家持续提涨争收；下游饲料玉米用量稳中小涨，禽料行情较好，销售较为顺利；受各地猪瘟疫情的影响，猪料销售回升较慢。11月，下游玉米淀粉、玉米酒精等加工利润维持高位，生产积极；猪存栏量继续下降，此外禽料苗种紧张，部分地区鸡鸭存栏量也出现下滑，饲料玉米消费出现较大回落。12月，玉米淀粉销售受阻利润下降，企业开工率维持7成以上，淀粉消化玉米基本稳定。部分玉米酒精厂家恢复开工，少数新增产能开始释放，酒精消化玉米略有增多；12月，下游饲料玉米用量继续下降，受鸡鸭苗价格太高影响，养殖户补栏谨慎，禽料销售下降明显；非洲猪瘟明显影响生猪存栏量，猪料消费继续减少。

（三）山东省玉米消耗情况

2018年，玉米消耗统计3 738万吨，同比增加3.57%。其中，深加工玉米消耗统计量2 235万吨，同比增长7.25%，饲料玉米消耗统计1 463万吨，同比减少4.07%。2018年山东省加工企业的玉米原料消耗同比增加151万吨，消耗增长主要集中在1月、2月、3月、4月、6月。其中，2月和3月消耗增长幅度最大，分别增长了66万吨和56万吨，增幅达25.58%和24.03%；饲用玉米消耗总量较2017年减少62万吨，消耗减少主要集中在11月和12月，同比消耗分别减少33万吨和42万吨，降幅达23.40%和30.00%（表1-17）。

表1-17 2017年和2018年玉米企业消耗量及同比变化

月份	企业总消耗量			深加工消耗量			饲料消耗量		
	2017年（万吨）	2018年（万吨）	同比（%）	2017年（万吨）	2018年（万吨）	同比（%）	2017年（万吨）	2018年（万吨）	同比（%）
1月	309	336	8.74	190	206	8.42	119	130	9.24
2月	233	289	24.03	130	175	34.62	103	114	10.68
3月	258	324	25.58	135	195	44.44	123	129	4.88
4月	282	310	9.93	158	178	12.66	124	132	6.45
5月	309	303	-1.94	182	173	-4.95	127	130	2.36
6月	291	300	3.09	165	180	9.09	126	120	-4.76
7月	297	290	-2.36	170	168	-1.18	127	122	-3.94

（续）

月份	企业总消耗量			深加工消耗量			饲料消耗量		
	2017 年（万吨）	2018 年（万吨）	同比（%）	2017 年（万吨）	2018 年（万吨）	同比（%）	2017 年（万吨）	2018 年（万吨）	同比（%）
8 月	289	288	−0.35	164	163	−0.61	125	125	0.00
9 月	315	309	−1.90	180	182	1.11	135	127	−5.93
10 月	330	326	−1.21	195	198	1.54	135	128	−5.19
11 月	349	331	−5.16	208	203	−2.40	141	108	−23.40
12 月	347	332	−4.32	207	214	3.38	140	98	−30.00
总计	3 609	3 738	3.57	2 084	2 235	7.25	1 525	1 463	−4.07

四、短期市场形势

双节临近，市场玉米集中上量明显。同时，企业也陆续进入节前的补库备存阶段。关注节前市场玉米的上量节奏，关注生猪的补栏及饲用玉米消费的恢复情况，关注进口替代的到港情况。后期可能出现的异常天气对物流运输的影响，也是影响春节前后市场价格走势的重要因素。

第二章

2019 年山东省玉米市场供需报告

2018—2019 年度玉米总收获面积小幅减少，单产及总产略减，亩生产成本较 2018 年基本持平，农户收益较 2018 年略降。就产量下降而言，干旱和台风是造成减产的主要原因。整体来看，夏玉米全生育期山东省平均气温 23.1 ℃，较常年偏高 1.1 ℃；山东省平均降水量 454.8 毫米，较常年偏少 6.5％；从降水的时期分布来看，除 6 月上旬、8 月上中旬和 10 月上旬偏多以外，其他时间均偏少。成熟收获期光温条件总体适宜夏玉米收获晾晒，霉变少，毒素低。整体来看 2019 年山东省玉米价格整体稳定，年度内价格最低出现在 4 月初。玉米企业年度平均收购价 0.994 2 元/斤，同比上涨 0.042 5 元/斤；粮商年度内平均收购价 0.944 7 元/斤，同比上涨 0.031 7 元/斤。

第一节　2019 年山东省 1 月玉米市场形势分析

受春节假期影响，市场需求恢复缓慢，玉米价格在春节前后均保持弱势震荡调整；节后市场现粮的供给节奏直接影响价格走势。1 月中上旬开始现粮价格持续缓慢下调，下旬开始止跌回升；企业月平均收购价 0.992 元/斤，环比下降了 24 元/吨（表 2-1）。

表 2-1　2018 年 1 月至 2019 年 1 月山东省与全国玉米价格（元/斤）

年月	山东省价格	全国价格
2018 年 1 月	0.878	0.950
2018 年 2 月	0.925	0.980
2018 年 3 月	0.933	0.995
2018 年 4 月	0.925	0.983
2018 年 5 月	0.924	0.980
2018 年 6 月	0.923	0.980
2018 年 7 月	0.922	0.980

（续）

年月	山东省价格	全国价格
2018 年 8 月	0.908	0.970
2018 年 9 月	0.923	0.980
2018 年 10 月	0.928	0.990
2018 年 11 月	0.932	0.992
2018 年 12 月	0.945	0.997
2019 年 1 月	0.932	0.975

注：山东省价格为重点调查县市贸易商当地市场平均收购价格。全国价格为农业农村部每月提供的数据资料（市场交易价）。

一、市场价格

玉米价格在 2018 年 12 月底上升到一个高点，1 月开始，企业玉米收购价开始出现持续下调，18 日前后，价格止跌回调，最近一周保持微幅上涨的变化。下跌过程的跌幅约 47 元/吨，上涨过程的涨幅在 25 元/吨左右；市场农户现粮出售价格，1 月出了 2 次下跌过程，分别出现在 1 月 3 日和 1 月 14 日前后，2 次的跌幅分别约为 6 元/吨和 4 元/吨，其他时段价格保持稳定（图 2-1）。

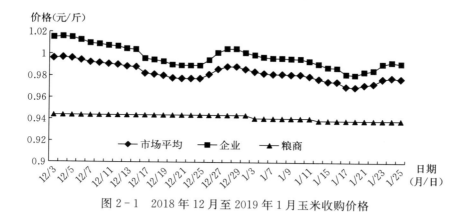

图 2-1 2018 年 12 月至 2019 年 1 月玉米收购价格

邹平西王、枣庄恒仁工贸、潍坊英轩、沂水大地、诸城兴贸和诸城润生 1 月的平均收购价均高于 2 000 元/吨。其中，邹平西王的平均收购价最高，达到 2 049 元/吨以上，最高收购价达 2 060 元/吨。潍坊市、德州市和聊城市的企业玉米收购价偏低。其中，聊城临清金玉米月平均收购价约为 1 905 元/吨，德州福源平均收购价为 1 932 元/吨。

节前的集中上量接近尾声，现粮市场价格的连续下调使种植户惜售心态再起；贸易利润压缩导致囤粮贸易商出货意愿明显降低；加工企业维持日常生产消耗，补库需求支撑上调收购价。玉米及相关替代品进口增加；天气持续晴好，无雨雪等不利因素出现，气温整体较高，不利于玉米的存储。在众多利空因素影响下，节前玉米价格难以出现反弹，继续维持弱势运行状态。

二、生产情况

综合国内外的玉米市场形势，粮农对 2019 年的玉米价格抱有较高的预期；据 2018 年部分调种大豆的农户反映，大豆生产过程中的劳动力投入大、机械化程度低及产量不高仍是制约大豆大面积种植的关键，大豆产量、品质及市场化程度也明显低于玉米。2019—2020 年度的玉米种植面积保持不变甚至小幅增加。

春节前后，也是粮农开始安排和购买肥料阶段，当前肥料市场也是涨跌变化多，总体价格与 2018 年同期持平或略降，有灵活资金的农户少量完成了肥料购买工作，大多在春节后的 3 月集中进行。

三、市场情况

（一）玉米购销情况

企业节前刚性补库，在上中旬的一轮价格持续下调后，企业的厂门到货量不足。1 月下旬开始，各地企业又开始上调收购价格刺激上量。春节前农户的变现意愿强烈，在下旬开始新一轮价格上调。其间，粮农现粮出手积极，企业库存普遍达到较高的安全水平。经过近一周的价格调整后，深加工企业厂门到货量明显增加；同时，受库容规模以及对后市的预期看空氛围浓厚影响，加工企业大量收购建库意愿不强。小年临近，玉米的市场购销逐渐减少，农户陆续进入过年准备阶段，部分外出打工人员返乡后可能会有零星的售卖情况，但量不大。

下游产品消费处于淡季，加工企业加工利润微薄，节前备货基本收尾；饲料企业节前备货量大幅减少。周边农户、贸易商售粮行为明显减少，玉米购销逐步转淡，企业库存已普遍补至阶段性高位，采购玉米积极性减弱，1 月 25 日开始企业收购价又出现下调。短期国内玉米行情波动有限，整体稳中窄幅调整为主。玉米仍未出售的农户，在含水量较低且品质较好的情况下，价格低于预期致使惜售看涨心态增强，较多有计划在年后出售。截至 1 月，山东省玉米售粮进度在 45%～47%，同比基本持平。

（二）加工环节

1 月，山东省加工企业开工率较 12 月小幅下滑，下游玉米淀粉销售不畅，利润降至低位。淀粉企业开工率降至7成以下；玉米酒精企业出现亏损，少数新增产能开始释放，行业竞争激烈，酒精消化玉米量略有下降，本月深加工玉米用量比上月小幅下降。春节来临，厂家积极采购备货，库存普遍处于较高的安全水平。下游饲料玉米用量略有下降，禽料节前出栏较多，但补栏不积极；猪料市场，由于非洲猪瘟影响，存栏量继续减少，玉米消费小幅回落。1月上中旬，玉米价格下滑，低于农户的价格预期导致惜售，春节之前售粮活动逐渐减少；粮商对节后市场的价格普遍看涨，囤粮意识较浓，节后玉米出现小幅反弹。

（三）山东省玉米消耗情况

1月，玉米总消费量环比及同比均明显下降，企业需求总量约为300万吨，环比消耗减少约3.85%，同比消耗下降比例约10.71%。其中，深加工企业玉米用量约为204万吨，环比减少4.67%，同比减少约0.97%；饲料市场方面，受生猪等存栏量下降的影响，饲料玉米消耗环比和同比均减少，本月消费量约为96万吨，环比消耗减少2.04%，同比消耗减少26.15%（表2-2）。

表2-2　2019年1月玉米企业消耗量及同比和环比

项　　目	企业加工总消耗	深加工企业消耗量	饲料企业消耗量
2018年1月（万吨）	336	206	130
2018年12月（万吨）	312	214	98
2019年1月（万吨）	300	204	96
环比（%）	-3.85	-4.67	-2.04
同比（%）	-10.71	-0.97	-26.15

离春节仅剩10天，市场价格无有力支撑，需求端低迷导致企业收购积极性不高。节后生猪补栏和市场需求恢复情况、后期进口玉米及玉米替代品价格和供给形势备受关注；以2015年产玉米粮源为主体的临储玉米拍卖在节后也提上日程，节后临储玉米开拍政策、开拍时间及拍卖价对市场有重要的指引作用。

第二节　2019年山东省2月玉米市场形势分析

市场需求恢复缓慢，现粮上市供应节奏、进口粮源和替代品对市场的冲击及临储拍卖政策等都直接影响市场价格。2月玉米市场价格涨跌并存，企业及贸易商月平均收购价格环比均小幅下降，市场平均交易价格本月平均约下降12元/吨（图2-2）。

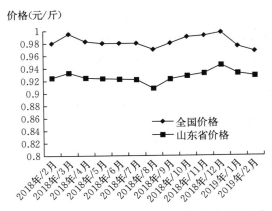

图 2-2　2018 年 2 月至 2019 年 2 月山东省及全国玉米价格

注：山东省价格为重点调查县市贸易商当地市场平均收购价格。全国价格为农业农村部每月提供的数据资料（企业价格）。

一、市场价格

2 月包含春节假期，市场购销相对清淡。2 月上旬正值假期，市场购销停止，节后的 2 月 11 日玉米市场开始交易，但交易量不大。节后市场开秤购销价格较春节前小幅略涨，随后即微幅下调。企业收购价格在 18 日和 25 日分别出现了明显的下调，下调幅度分别约为 20 元/吨和 40 元/吨；贸易商市场收购价仅在 18 日前后出现下调，下调幅度约 10 元/吨，其他时间保持平稳运行。

不同地区，不同企业的收购价格调整幅度不同。其中，18 日出现的价格下调，潍坊寿光新丰淀粉和邹平西王下降幅度均达到了 40 元/吨，聊城临清金玉米、潍坊寿光金玉米下调幅度均达 30 元/吨，临沂沂水大地、德州福源生物玉米收购价均下调 26 元/吨；25 日企业收购价格下调幅度较大，诸城兴贸和诸城润生淀粉玉米收购价下调幅度达到了 70 元/吨，临沂沂水大地收购价下调了 68 元/吨，潍坊昌乐盛泰收购价下调 60 元/吨，潍坊英轩酒精、滨州金汇、邹平华义、潍坊寿光金玉米的收购价下调在 40～44 元/吨（图 2-3）。

春节过后，玉米市场持续走弱，东北产区价格下浮，粮源入关持续到货，对山东省的现粮价格起到了一定的抑制作用。截至 1 月底，东北三省玉米较 2018 年同期销售进度放缓约 19%，随着天气变暖，地趴粮存放难度增加，农民售粮加快。企业建库意愿较低，观望心态明显，在玉米需求大幅减少的情况下，玉米价格维持弱势格局。中央 1 号文件出台，继续调减玉米种植面积，政策性引导降低市场供应压力，对市场起到了一定的支撑作用，短期内玉米现货价格大幅下调的可能性不大。

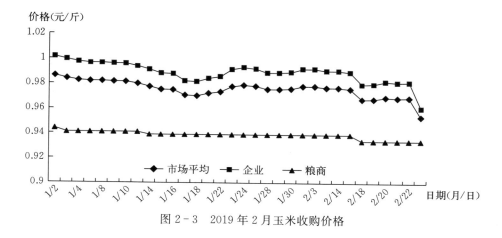

图 2-3 2019 年 2 月玉米收购价格

二、生产情况

粮农时刻关注玉米市场的动态及价格走势，3 月和 6 月初小麦收获前，会有两拨农户的习惯性售粮高峰期。短期内，玉米市场价格无有效上调支撑，粮农惜售情绪较浓。整体来看，2018—2019 年度玉米的价格高于 2017—2018 年度，但受到不利天气因素影响导致的减产及生产成本的综合影响，粮农的玉米季收入仍不乐观，故截至 2 月玉米仍未出售的粮农对玉米的提价仍有较高的期望。

综合当前的国际国内市场看，玉米市场的后期发展利好因素明显，山东省农户的玉米种植面积调减的比例不大。对信息员大户电话了解得知，仍按照原有玉米面积进行基肥购买，少数甚至出现调增，主要是减少了 2018 年种植大豆的面积转而计划改种玉米。

三、市场情况

（一）玉米购销情况

与 2018 年同期比较，市场总体售粮进度偏慢，主产区余粮过多，一定程度上加剧了后市售粮风险。天气转暖对潮粮储存不利，更加不利于基层玉米储存保管，基层种植户售粮心态有变，市场供应逐步增加，但贸易收购主体入市意愿较弱。猪瘟疫情不断扩散，饲料加工企业库存维持高位，下游需求不畅。玉米市场整体供给宽松，市场价格阶段性承压下行。中美磋商的积极推进对市场心态产生一定抑制作用，部分主体对玉米市场持观望态度，关注市场价格是否触底，若玉米及相关产品进口增加，或极大地冲击国内市场供给端及价格走势。

（二）加工环节

2月，山东省加工企业开工率较1月下降，近期玉米淀粉销售疲软价格走低。春节期间，山东淀粉企业开工率降至4成，春节之后开工恢复较慢，玉米原料补库不积极，厂家玉米消化较上月下降；饲料加工企业库存普遍维持高位，下游需求不畅，供给上量而新增需求有限。2月下游饲料玉米用量下滑明显，主要是猪瘟疫情不断扩散，生猪存栏量持续减少，猪料消耗下降超20%。此外节前禽类出栏较多，但禽苗紧张，养殖户补栏较慢，禽料小幅下降。春节期间，饲料企业普遍停产1周左右，本月饲料玉米用量下降较大。

（三）山东省玉米消耗情况

2月包含春节假期，市场购销清淡，节后市场恢复缓慢。玉米总消费量，企业玉米消耗总量约为261万吨，环比及同比均大幅下降，环比消耗减少约13%，同比消耗下降比例约10%。其中，深加工企业玉米用量约为185万吨，环比减少9.31%，同比消耗小幅增长，增加幅度约5.7%；饲料市场方面，非洲猪瘟持续影响市场，饲料玉米消耗环比和同比均减少，本月消费量约为76万吨，环比消耗减少20.83%，同比消耗减少33.33%（表2-3）。

表2-3　2019年2月玉米企业消耗量及同比和环比

项　目	企业加工总消耗量	深加工企业消耗量	饲料企业消耗量
2018年2月（万吨）	289	175	114
2019年1月（万吨）	300	204	96
2019年2月（万吨）	261	185	76
环比（%）	−13.00	−9.31	−20.83
同比（%）	−9.69	5.71	−33.33

春节假期过后市场恢复缓慢。天气回暖，玉米市场现粮上量节奏逐日加快，瞬息万变的中美谈判形势及可能增加的进口玉米和玉米替代品都是影响现粮市场的重要因素。长期来看，需要密切关注临储玉米拍卖政策落地。

第三节　2019年山东省3月玉米市场形势分析

3月，企业玉米收购价格涨跌并存，月平均收购价环比下调约40元/吨；贸易商市场交易价格维持平稳，保持在1 868元/吨。市场短期供给充足，企业采购谨慎，消费端需求不畅；国家一次性储备及省储收购短期支撑市场价格（表2-4）。

表 2－4　2018 年 3 月至 2019 年 3 月山东省与全国玉米价格（元/斤）

年月	山东省价格	全国价格
2018 年 3 月	0.933	0.995
2018 年 4 月	0.925	0.983
2018 年 5 月	0.924	0.980
2018 年 6 月	0.923	0.980
2018 年 7 月	0.922	0.980
2018 年 8 月	0.908	0.970
2018 年 9 月	0.923	0.980
2018 年 10 月	0.928	0.990
2018 年 11 月	0.932	0.992
2018 年 12 月	0.945	0.997
2019 年 1 月	0.932	0.975
2019 年 2 月	0.928	0.967
2019 年 3 月	0.926	0.963

注：山东省价格为重点调查县市贸易商当地市场平均收购价格。全国价格为农业农村部每月提供的数据资料（企业价格）。

一、市场价格

3 月，企业平均收购价格环比小幅下调，贸易商市场交易价格保持平稳。3 月山东省玉米市场价格涨跌并存，3 月上旬企业收购价格整体表现为缓慢上调；中旬价格先明显下调，13 日开始缓慢回升；20 日开始价格基本保持平稳略降的走势。农户的市场交易价格在 3 月保持稳定。3 月企业收购价格出现在上旬的 6～8 日。其中，枣庄恒仁工贸玉米收购价 1.0 元/斤，邹平西王和邹平华义玉米收购价 0.98 元/斤，潍坊英轩和菏泽成武大地玉米收购价 0.975 元/斤，滨州金汇的玉米收购价较低，约 0.925 元/斤。截至 25 日，各地企业收购价格普遍在 0.94～0.98 元/斤，枣庄恒仁工贸、潍坊英轩、菏泽成武大地、邹平西王的收购价 0.97～0.975 元/斤；邹平华义、诸城兴贸、诸城润生淀粉、滨州金汇、昌乐盛泰收购价 0.95～0.967 元/斤；聊城临清金玉米和德州福源收购价偏低，约 0.924 元/斤（图 2－4）。

3 月，山东省基层余粮约三成，受备耕备种的影响，粮农择时出售手中的玉米，本地粮源不断供应市场。非洲猪瘟持续影响市场，饲料企业随购随用，采购谨慎；深加工企业走货不畅。整体来看，市场供应相对宽松，厂家提价意愿不强。综合国内玉米市场现状，在临储拍卖启动前，玉米价格或仍存上涨机遇。

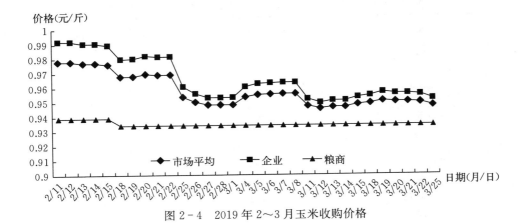

图2-4　2019年2～3月玉米收购价格

二、生产情况

4月春播春种开始，春玉米的面积调整情况、大豆播种计划实施情况及种植面积变化、玉米种植成本的变化情况，都是当前生产中的热议话题，需要持续的关注。

通过部分大户和合作社的种植计划了解到，大面积改种的情况不多，有零散的小地块进行大豆、棉花、花生等其他作物种植的情况，但对玉米的总计划播种面积影响甚微。

3～4月是春、夏玉米的备耕备种及集中进行肥料购买的阶段。玉米种价格同2018年相比表现为持平略降；肥料价格，按当前价格行情计算，每亩成本投入变化不大，增加3～5元。

三、市场情况

（一）玉米购销情况

3月开始，天气明显回暖，基层余粮大规模上市。3月是春节后粮农的第一次售粮高峰期，各地现粮持续供应市场，玉米消费市场需求不畅，短期内市场供应相对宽松。拍卖启动前，现粮和东北粮是市场的主要粮源。

从供给端来看，成本支撑玉米市场价格，供求关系影响导致价格小幅波动；从消费端来看，市场整体回暖缓慢，需求不畅，企业采购积极性不高，收购价格大体维持平稳，收购价格震荡走弱。饲料企业随用随采，需要密切关注非洲猪瘟后续对玉米需求市场的影响；深加工方面，淀粉企业库存处于阶段性高位，下游需求疲软，淀粉价格承压下行，深加工玉米消耗维持弱势。综合市场供需形势，玉米市场尚不具备大涨局面，供需处于相对平衡阶段。

随着基层粮源逐步消耗，综合企业的刚需补库和余粮量，后期一定阶段，粮源供给可能会出现紧张的局面，应密切关注基层余粮情况和临储玉米拍卖。

（二）加工环节

3月，山东省加工企业开工率较2月回升，玉米淀粉企业开工率恢复到7成左右，玉米酒精开工率达到6成，深加工企业玉米需求接近正常水平，但走货不旺，加工利润不高；3月饲料玉米消费恢复缓慢，虽较2月有所回升，但较前期其他月仍明显偏低。非洲猪瘟导致生猪存栏量继续下降，猪料产销量萎缩，同比下降3成以上，很多企业转向生产禽料，禽料生产相对稳定。

整体来看，3月玉米消费量比2月有所回升，但是低于前期月。3月气温逐渐回暖，东北、华北售粮加快，玉米价格跌至上市时低点。下游饲料及深加工库存较足，短期采购意愿下降。山东基层余粮3～4成，对市场底部支撑较强，4月前期玉米底部弱势趋稳，后期价格出现小幅上涨。

（三）山东省玉米消耗情况

3月企业玉米消耗总量约为281万吨，环比小幅增长，同比下降明显。环比消耗约增长7.66%，同比消耗下降比例约13.27%。其中，深加工企业环比消耗增加7.03%，同比消耗微幅增长，增加幅度约1.54%；饲料市场方面，本月消费量约为83万吨，环比消耗小幅增长，增幅约9.21%，同比消耗大幅下调，同比消耗减少约35.66%（表2-5）。

表2-5　2019年3月玉米企业消耗量及同比和环比

项 目	企业加工总消耗量	深加工企业消耗量	饲料企业消耗量
2018年3月（万吨）	324	195	129
2019年2月（万吨）	261	185	76
2019年3月（万吨）	281	198	83
环比（%）	7.66	7.03	9.21
同比（%）	−13.27	1.54	−35.66

天气回暖，市场总体供应充足，随着玉米的不断消耗，市场3～4成的余粮对后期的玉米价格形成一定的支撑；进口替代品和进口玉米短期内影响市场价格走势；从需求端来看，饲料市场的整体恢复情况直接影响市场供需状态和价格走势。

第四节　2019年山东省第一季度玉米市场形势分析

山东省第一季度市场恢复缓慢，短期内市场粮源供给充足，价格上涨无力。山东省玉米市场企业收购价格整体表现为下调的变化，季度内平均收购价格 0.97 元/斤，粮商平均收购价格 0.94 元/斤，最高、最低价格分别出现在季初和季末。随着市场余粮减少，东北粮和临储拍卖粮逐渐成为市场主要供给粮源（表 2-6、图 2-5）。

表 2-6 2018 年 1 月至 2019 年 3 月山东省和全国玉米价格（元/斤）

年月	山东省价格	全国价格
2018 年 1 月	0.878	0.950
2018 年 2 月	0.925	0.980
2018 年 3 月	0.933	0.995
2018 年 4 月	0.925	0.983
2018 年 5 月	0.924	0.980
2018 年 6 月	0.923	0.980
2018 年 7 月	0.922	0.980
2018 年 8 月	0.908	0.970
2018 年 9 月	0.923	0.980
2018 年 10 月	0.928	0.990
2018 年 11 月	0.932	0.992
2018 年 12 月	0.945	0.997
2019 年 1 月	0.932	0.975
2019 年 2 月	0.928	0.967
2019 年 3 月	0.926	0.963

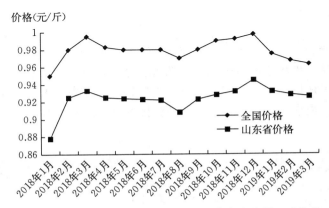

图 2-5 2018 年 1 月至 2019 年 3 月山东省和全国玉米价格

注：山东省价格为重点调查县市贸易商市场平均收购价格。全国价格为农业农村部提供的数据资料。

一、市场价格

玉米价格在 2018 年 12 月底上升到一个高点,1 月开始企业玉米收购价开始出现持续下调,18 日前后,价格止跌回调,最近一周保持微幅上涨的变化。下跌过程的跌幅约 47 元/吨,上涨过程的涨幅在 25 元/吨左右;市场农户现粮出售价格,1 月出了两次下跌过程,分别出现在 1 月 3 日和 1 月 14 日,两次的跌幅分别约为 6 元/吨和 4 元/吨,其他时段价格保持稳定。

邹平西王、枣庄恒仁工贸、潍坊英轩、沂水大地、诸城兴贸和诸城润生 1 月的平均收购价均高于 2 000 元/吨。其中,邹平西王的平均收购价最高,达到 2 049 元/吨以上,最高收购价达 2 060 元/吨。潍坊寿光、德州和聊城的企业玉米收购价偏低。其中,聊城临清金玉米月平均收购价约 1 905 元/吨,德州福源平均收购价 1 932 元/吨。

节前的集中上量接近尾声,现粮市场价格的连续下调使种植户惜售心态再起;贸易利润压缩导致囤粮贸易商出货意愿明显降低;加工企业维持日常生产消耗,补库需求支撑上调收购价。玉米及相关替代品进口增加;天气持续晴好,气温整体较高,不利于玉米的存储。在众多利空因素影响下,节前玉米价格难以出现反弹,继续维持弱势运行状态。

2 月包含春节假期,市场购销相对清淡。2 月上旬正值假期,市场购销停止,节后的 2 月 11 日玉米市场开始交易,但交易量不大。节后市场开秤购销价格较春节前小幅略涨,随后即微幅下调。企业收购价格在 18 日和 25 日分别出现了明显的下调,下调幅度分别约为 20 元/吨和 40 元/吨;贸易商市场收购价仅在 18 日出现下调,下调幅度约 10 元/吨,其他时间保持平稳运行。

不同地区、不同企业的收购价格调整幅度不同。其中,18 日出现的价格下调,潍坊寿光新丰淀粉和邹平西王下降幅度均达 40 元/吨,聊城临清金玉米、寿光金玉米下调幅度均达 30 元/吨,临沂沂水大地、德州福源生物玉米收购价均下调 26 元/吨;25 日企业收购价格下调幅度较大,诸城兴贸和诸城润生淀粉玉米收购价下调幅度达 70 元/吨,临沂沂水大地收购价下调了 68 元/吨,潍坊昌乐盛泰收购价下调 60 元/吨,潍坊英轩酒精、滨州金汇、邹平华义、潍坊寿光金玉米的收购价下调 40~44 元/吨。

春节过后,玉米市场持续走弱,东北产区价格下浮,粮源入关持续到货,对山东省的现粮价格起到了一定的抑制作用。截至 1 月底,东北三省玉米较 2018 年同期销售进度放缓约 19%,随着天气变暖,地趴粮存放难度增加,农民售粮加快。企业建库意愿较低,观望心态明显,在玉米需求大幅减少的情况下,玉米价格维持弱势格局。中央 1 号文件出台,继续调减玉米种植面积,政策性引导降低市场供应压力,对市场起到了一定的支撑作用,短期内玉米现货价格大幅下调的可能性不大。

3月，企业平均收购价格环比小幅下调，贸易商市场交易价格保持平稳。3月山东省玉米市场价格涨跌并存，3月上旬企业收购价格整体表现为缓慢上调；中旬价格先明显下调，13日开始缓慢回升；20日开始价格基本保持平稳略降的走势。农户的市场交易价格在3月保持稳定。企业收购出现在3月6~8日。其中，枣庄恒仁工贸玉米收购价为1.0元/斤，邹平西王和邹平华义玉米收购价为0.98元/斤，潍坊英轩和菏泽成武大地玉米收购价为0.975元/斤，滨州金汇的玉米收购价较低，约为0.925元/斤。截至25日，各地企业收购价格普遍在0.94~0.98元/斤，枣庄恒仁工贸、潍坊英轩、菏泽成武大地、邹平西王的收购价为0.97~0.975元/斤；邹平华义、诸城兴贸、诸城润生淀粉、滨州金汇、昌乐盛泰收购价为0.95~0.967元/斤；聊城临清金玉米和德州福源收购价偏低，约为0.924元/斤（图2-6、图2-7）。

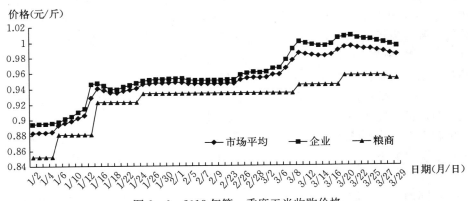

图2-6 2018年第一季度玉米收购价格

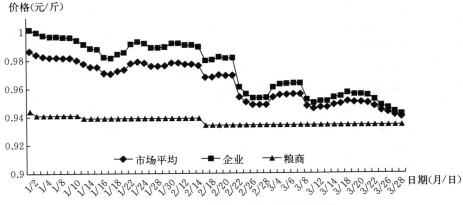

图2-7 2019年第一季度玉米收购价格

3月，山东省基层余粮约三成，受备耕备种的影响，粮农择时出售手中的玉米，本地粮源不断供应市场。非洲猪瘟持续影响市场，饲料企业随购随用，采购谨慎；深加工企业走货不畅。整体来看，市场供应相对宽松，厂家提价意愿不强。综合国内玉米市场现状，在临储拍卖启动前，玉米价格或仍存上涨机遇。

春节前是粮农的习惯性集中售粮阶段，综合玉米产品需求市场的形势，短期内玉米市场价格保持弱势震荡运行。但春节临近，各地企业陆续进入后期备库阶段，同时看好后期的生猪补栏，故1月或春节后，玉米价格又会出现小幅反弹的走势。

二、生产情况

1月，综合当前国内外的玉米市场形势，粮农对2019年的玉米价格抱有较高的预期；据2018年部分调种大豆的农户反映，大豆生产过程中的劳动力投入大、机械化程度低及产量不高仍是制约大豆大面积种植的关键，大豆产量、品质及市场化程度也明显低于玉米。多种因素表明，2019—2020年度的玉米种植面积保持不变甚至小幅增加。

春节前后，也是粮农开始安排和购买肥料阶段，当前肥料市场涨跌变化多，总体价格与2018年同期持平或略降，有灵活资金的农户少量完成了肥料购买工作，大多在春节后的3月集中进行。

2月，粮农时刻关注玉米市场的动态及价格走势，3月和6月初小麦收获前，会有两拨农户的习惯性售粮高峰期。短期内，玉米市场价格无有效上调支撑，粮农惜售情绪较浓。整体来看，2018—2019年度玉米的价格高于2017—2018年度，但受到不利天气因素影响导致的减产及生产成本的综合影响，粮农的玉米季收入仍不乐观，故截至2月玉米仍未出售的粮农，对玉米的提价仍有较高的期望。

综合国际国内市场看，玉米市场的后期发展利好因素明显，山东省农户的玉米种植面积调减的比例不大。对信息员大户电话了解得知，仍按照原有玉米面积进行基肥购买，少数甚至出现调增，主要是减少了2018年种植大豆的面积转而计划改种玉米

3月，马上进入4月的春播、春种阶段，春玉米的面积调整情况、大豆播种计划实施及种植面积变化情况、玉米种植成本的变化情况，都是当前生产中的热议话题，需要持续关注。通过部分大户和合作社的种植计划了解到，大面积改种的情况不多，有零散的小地块进行大豆、棉花、花生等其他作物种植的情况，但对玉米的总计划播种面积影响甚微。

3~4月是春、夏玉米备耕、备种及集中进行肥料购买的阶段。玉米种价

格同 2018 年相比表现为持平略降；肥料价格按当前价格行情计算，每亩成本投入变化不大，增加 3～5 元。

三、市场情况

（一）玉米购销情况

1 月，企业节前刚性补库，在上中旬的一轮价格持续下调后，企业的厂门到货量不足。1 月下旬开始，各地企业又开始上调收购价格刺激上量。春节前农户的变现意愿强烈，在下旬开始新一轮价格上调，其间，粮农现粮出手积极，企业库存普遍达到较高的安全水平。经过近一周的价格调整后，深加工企业厂门到货量明显增加；同时，受库容规模以及对后市的预期看空氛围浓厚影响，加工企业大量收购建库意愿不强。小年临近，玉米的市场购销逐渐减少，农户陆续进入过年准备阶段，部分外出打工人员返乡后可能会有零星的售卖情况，但量不大。

下游产品消费处于淡季，加工企业加工利润微薄，节前备货基本收尾；饲企节前备货量大幅减少。周边农户、贸易商售粮行为明显减少，玉米购销逐步转淡，企业库存已普遍补至阶段性高位，采购玉米积极性减弱，25 日开始企业收购价又出现下调。国内玉米行情波动有限，整体稳中窄幅调整为主。玉米仍未出售的农户，在含水量较低且品质较好的情况下，价格低于预期致使惜售看涨心态增强，较多有计划在年后出售。截至 1 月，山东省玉米售粮进度在 45%～47%，同比基本持平。

2 月，与 2018 年同期比较，市场总体售粮进度偏慢，主产区余粮过多，一定程度上加剧了后市售粮风险。天气转暖对潮粮储存不利，更加不利于基层玉米储存保管，基层种植户售粮心态有变，市场供应逐步增加，但贸易收购主体入市意愿较弱。猪瘟疫情不断扩散，饲料加工企业库存维持高位，下游需求不畅。玉米市场整体供给宽松，市场价格阶段性承压下行。中美磋商的积极推进对市场心态产生一定抑制作用，部分主体对玉米市场持观望态度，关注市场价格是否触底，若玉米及相关产品进口增加，极大地冲击国内市场供给端及价格走势。

3 月开始，天气明显回暖，基层余粮大规模上市。3 月是春节后粮农的第一次售粮高峰期，各地现粮持续供应市场，玉米消费市场需求不畅，短期内市场供应相对宽松。拍卖启动前，现粮和东北粮是市场的主要粮源。

供给端，成本支撑玉米市场价格，供求关系影响导致价格小幅波动；消费端，市场整体回暖缓慢，需求不畅，企业采购积极性不高，收购价格大体维持平稳，收购价格震荡走弱。饲料企业随用随采，需要密切关注非洲猪瘟后续对玉米需求市场的影响；深加工方面，淀粉企业库存处于阶段性高位，下游需求疲软，淀粉价格承压下行，深加工玉米消耗维持弱势。综合市场供需形势，玉米市场尚不具备大涨局面，供需处于相对平衡阶段。

随着基层粮源逐步消耗，综合企业的刚需补库和余粮量，后期一定阶段，粮源供给可能会出现紧张的局面，应密切关注基层余粮情况和临储玉米拍卖。

（二）加工环节

1月，山东省深加工企业开工率较12月小幅下滑，下游玉米淀粉销售不畅，利润降至低位。淀粉企业开工率降至7成以下；玉米酒精企业出现亏损，少数新增产能开始释放，行业竞争激烈，酒精消化玉米量略有下降，本月深加工玉米用量比上月小幅下降。春节来临，厂家积极采购备货，库存普遍处于较高的安全水平。下游饲料玉米用量略有下降，禽料节前出栏较多，但补栏不积极；猪料市场由于非洲猪瘟影响，存栏量继续减少，玉米消费小幅回落。1月上中旬，玉米价格下滑，低于农户的价格预期导致惜售，春节之前售粮活动逐渐减少；粮商对节后市场的价格普遍看涨，囤粮意识较浓，节后玉米出现小幅反弹。

2月，山东省深加工企业开工率较1月下降，近期玉米淀粉销售疲软价格走低。春节期间，山东淀粉企业开工率降至4成，春节之后开工恢复较慢，玉米原料补库不积极，厂家玉米消化较上月下降；饲料加工企业库存普遍维持高位，下游需求不畅，供给上量而新增需求有限。2月下游饲料玉米用量下滑明显，主要是猪瘟疫情不断扩散，生猪存栏量持续减少，猪料消耗下降超20%。此外，节前禽类出栏较多，但禽苗紧张，养殖户补栏较慢，禽料小幅下降。春节期间，饲料企业普遍停产1周左右，本月饲料玉米用量下降较大。

3月，山东省加工企业开工率较2月回升，玉米淀粉企业开工率恢复到7成左右，玉米酒精开工率达到6成，深加工企业玉米需求接近正常水平，但走货不旺，加工利润不高；3月，饲料玉米消费恢复缓慢，虽较2月有所回升，但较前期其他月仍明显偏低。非洲猪瘟导致生猪存栏量继续下降，猪料产销量萎缩，同比下降3成以上，很多企业转向生产禽料，禽料生产相对稳定。

整体来看，3月玉米消费量比2月有所回升，但是低于前期其他月。3月气温逐渐回暖，东北、华北售粮加快，玉米价格跌至上市时低点。下游饲料及深加工库存较足，短期采购意愿下降。山东基层余粮3~4成，对市场底部支撑较强，4月前期玉米底部弱势趋稳，后期价格出现小幅上涨。

（三）山东省玉米消耗情况

山东省第一季度企业玉米消耗统计约为842万吨，同比减少11.28%。其中，深加工企业玉米消耗约为587万吨，同比小幅增长1.91%；饲料企业玉米消耗约为255万吨，同比约减少31.64%（表2-7）。

表 2-7　2019 年第一季度玉米企业消耗量及同比

年月	企业加工总消耗量	深加工企业消耗量	饲料企业消耗量
2018 年 1~3 月（万吨）	949	576	373
2019 年 1~3 月（万吨）	842	587	255
同比（％）	−11.28	1.91	−31.64

第五节　2019 年山东省 4 月玉米市场形势分析

　　4 月，市场余粮见底，现粮主要集中在贸易商交易环节。受需求疲软影响，价格上调无有效支撑，玉米市场价格呈平稳涨势，月平均交易价格环比变化不大，企业月末平均收购价较月初上涨约 43 元/吨。到货不足一定程度上支撑价格，开拍时间及相应政策直接影响玉米市场走势（表 2-8）。

表 2-8　2018 年 4 月至 2019 年 4 月山东省和全国玉米价格（元/斤）

年月	山东省价格	全国价格
2018 年 4 月	0.925	0.983
2018 年 5 月	0.924	0.980
2018 年 6 月	0.923	0.980
2018 年 7 月	0.922	0.980
2018 年 8 月	0.908	0.970
2018 年 9 月	0.923	0.980
2018 年 10 月	0.928	0.990
2018 年 11 月	0.932	0.992
2018 年 12 月	0.945	0.997
2019 年 1 月	0.932	0.975
2019 年 2 月	0.928	0.967
2019 年 3 月	0.926	0.963
2019 年 4 月	0.927	0.964

　　注：山东省价格为重点调查县市贸易商当地市场平均收购价格。全国价格为农业农村部每月提供的数据资料（企业价格）。

一、市场价格

　　山东省玉米市场价格，在 3 月底降至低点后，4 月开始，止跌反弹回升。

4月1～8日，玉米市场价格缓慢上调，9～12日，微幅震荡调整，12～16日上调幅度较大，17～25日，呈现小幅持续增长的走势。

月度平均交易价格，企业环比变化不大，农户现粮交易价格保持稳定。截至25日，企业平均交易价格较月初增长了43元/吨。25日，诸城兴贸玉米、诸城润生淀粉和潍坊英轩酒业厂门收购价均达到了1 970元/吨，枣庄恒仁工贸和邹平华义收购价均为1 950元/吨，沂水大地和邹平西王玉米收购价为1 940元/吨，临清金玉米、德州福源生物玉米收购价偏低，分别为1 850元/吨和1 870元/吨（图2-8）。

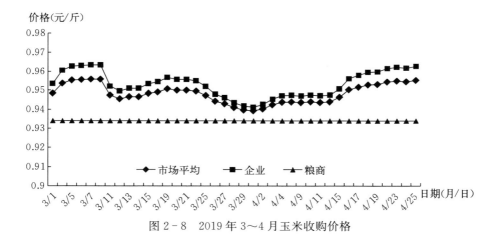

图2-8 2019年3～4月玉米收购价格

4月，山东省基层余粮仅剩20%左右，5月小麦收获前有最后一次售粮高峰。综合国际国内市场形势，猪瘟疫情影响不断扩大，下游需求弱，消费市场整体弱势运行；但厂门到货量少和拍卖可能性推迟的推测及周期短、投放量少等猜测均在一定程度上支撑玉米市场。玉米价格维持震荡整理。

二、生产情况

国家统计局表示，2019年我国大豆种植面积大幅增长，玉米种植面积下降较多。受国家调整种植结构政策影响，全国大豆意向种植面积增长16.4%，全国玉米意向种植面积下降3.1%。其中，东北地区农户玉米意向种植面积减少明显，黑龙江下降15.8%，吉林、辽宁分别下降2.7%和2.2%。对山东而言，小麦进入抽穗开花期，玉米进入备耕备种阶段。山东省玉米计划播种面积无大幅调整。大豆播种计划实施及种植面积变化情况、玉米种植成本的变化情况，都是当前生产中的热议话题，需要持续关注。

播种面积大幅下降的同时，2019 年玉米生产面临的天气形势也不乐观。厄尔尼诺天气带来的"南涝北旱"已较为明显。东北大部分整个冬季降雪极少，土壤墒情较差，影响玉米播种。东北不同地区已连续 3 年出现较为严重的大面积干旱情况，生产形势不容乐观。持续关注山东省玉米生长季播种期和关键生育时期的降水等气候因素变化。

三、市场情况

（一）玉米购销情况

4 月，玉米走势整体偏强运行，市场活动主要集中在贸易商和企业之间的购销，农户的售粮活动较少，余粮见底，5 月迎来现粮市场的最后一次售粮高峰。月底市场价格为 1 840～1 890 元/吨，较上月底上涨 40～50 元/吨。贸易商出货积极性较差，厂家收购量连续处于较低水平，以消耗库存为主，中旬之后，玉米价格开始连续上涨。

5 月，华北市场余粮继续减少，部分地区已经见底。6 月，华北地区玉米价格总体维持震荡上涨格局，但上调空间有限。市场对临储玉米拍卖底价存在提升预期，拍卖底价的抬升对玉米价格构成支撑，玉米价格稳步上涨。市场聚焦临储玉米拍卖的时点和拍卖底价，这决定国内玉米价格的运行区间。产区收购工作收尾阶段，玉米价格由贸易粮和临储拍卖决定。

（二）加工环节

4 月，山东省加工企业开工率下降，玉米淀粉企业开工率 65% 左右，企业走货不佳，以前期订单为主；疫情影响，副产品大幅下降，成本不断提高，淀粉利润微薄，企业处于亏损边缘。玉米酒精开工率 60% 左右。饲料玉米消费依然不容乐观，较 3 月微幅上涨，开始处于逐渐恢复的过程，但同比依然出现较大幅度下滑。非洲猪瘟导致生猪存栏量下降，猪料产销量萎缩，同比下降 3 成以上。尽管猪瘟疫情仍持续影响市场，但随着猪价上涨，养殖企业补栏信心逐步恢复，饲料消费逐渐恢复。禽料玉米消费增加，但鸡苗和鸭苗价格高，抑制了补栏积极性。整体来看，4 月玉米消费量较 3 月出现明显下滑，主要是深加工玉米消费下降。

（三）山东省玉米消耗情况

4 月，企业玉米消耗总量约为 256 万吨，环比消耗降低 8.90%，同比消耗下降比例约 17.42%。其中，深加工企业消耗约为 171 万吨，环比消耗减少 13.64%，同比消耗微幅降低，降低幅度约 3.93%；饲料市场方面，本月消费量约为 85 万吨，环比消耗小幅增长，增幅约 2.41%，同比消耗大幅下调，同比消耗减少约 35.61%（表 2-9）。

表 2 - 9 2019 年 4 月玉米企业消耗量及同比和环比

项　　目	企业加工总消耗量	深加工企业消耗量	饲料企业消耗量
2018 年 4 月（万吨）	310	178	132
2019 年 3 月（万吨）	281	198	83
2019 年 4 月（万吨）	256	171	85
环比（%）	−8.90	−13.64	2.41
同比（%）	−17.42	−3.93	−35.61

　　市场余粮见底，淀粉消费旺季到来，需求是真正能让玉米市场由弱转强的强心剂，消费市场恢复和原料需求形势仍是市场关注的重点。同时，受猪瘟疫情影响，猪价整体呈持续上涨变化，会直接影响补栏情况。进口逐步开放的大背景下，临储玉米拍卖系列政策的出台也在持续对市场产生影响。

第六节　2019 年山东省 5 月玉米市场形势分析

　　5 月，市场月平均收购价格上涨约 53 元/吨；企业月平均收购价上调约 65 元/吨；农户售粮价格微幅增长。受临储拍卖、腾库备储和消费市场形势等影响，短期内玉米市场供应相对充足，价格大幅上涨无有力支撑（图 2 - 9）。

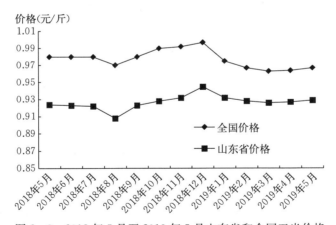

图 2 - 9　2018 年 5 月至 2019 年 5 月山东省和全国玉米价格

　　注：山东省价格为重点调查县市贸易商当地市场平均收购价格。全国价格为农业农村部每月提供的数据资料（企业价格）。

一、市场价格

　　5 月，山东省玉米市场价格出现较大幅度的上涨。其中，5 月上旬价格表现为持续小幅下滑；中旬开始止跌回升，上涨过程主要集中在 5 月中旬的 10～17 日前后；在 17 日价格涨至高点后又出现微幅下调，下旬开始，各地企业又纷纷上调收购价格。

在中旬过后的价格集中大幅上调后，多地企业收购价突破 1.0 元/斤；截至 5 月 24 日，除菏泽市、聊城市和德州市几个地区外，山东省大部分地区的企业玉米收购价均达 1 元/斤以上。其中，潍坊市英轩 24 日收购价达 1.04 元/斤；诸城兴贸、诸城润生淀粉、枣庄恒仁工贸以及邹平西王和邹平华义 24 日收购价均达 1.02 元/斤；临清金玉米和德州福源生物 24 日收购价较低，均为 0.985 元/斤。潍坊英轩、诸城兴贸及诸城润生的玉米月平均收购价均在 1.0 元/斤以上（图 2-10）。

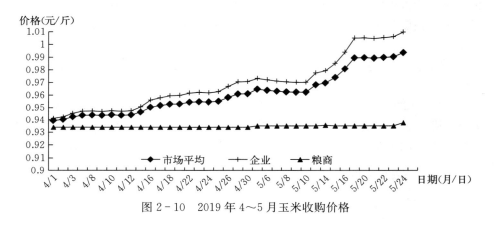

图 2-10　2019 年 4～5 月玉米收购价格

农户积极腾库准备小麦收获和存储，基层余粮见底。临储玉米拍卖，一周 400 万吨。第一周的成交率达到了 90.66%，且在起拍价较 2018 年提高 200 元/吨的基础上，溢价 100 元/吨以上是常态，最大溢价 170 元/吨以上。其中，吉林省总成交率为 100%，成交均价为 1 795 元/吨。较高的溢价对行情上涨提供了支撑，玉米价格继续上涨，但高成交量也加剧了后市供应压力，机遇与风险并存。库存量、年度玉米种植面积及产量继续下降致使玉米贸易企业惜售等影响玉米行情走势。玉米行情总趋势看涨的概率更高，但不支持短时大涨，持续缓涨成为市场的主流表现。

二、生产情况

东北地区，受大豆生产者补贴和收益比较影响，农户扩种大豆意向较强，加上非优势产区玉米播种面积继续调减的政策，2019 年我国玉米总播种面积有明显减少。在玉米下游需求相对稳定，玉米供需缺口较大的背景下，玉米供应端的变化备受关注。临储玉米拍卖、美国玉米进口的不确定性和玉米播种期气象情况 3 个对供应端产生巨大影响的问题同时发酵，推动玉米价格在前期不断出现上涨。

5 月底至 6 月上旬，山东省各地陆续进入小麦收获和玉米集中播种阶段。综合近期的天气情况来看，整体降雨偏少，小麦收获后的玉米播种面临墒情不足的挑战。山东省 2019—2020 年度玉米播种面积调整不大，部分地区受区域农业种植结构特征的影响，个别散户有小幅微调的现象出现。山东省 2019—2020 年度籽粒玉米播种面积的调整幅度在 3％以内。

三、市场情况

（一）玉米购销情况

2019 年以来虽然国内猪瘟不断扩散影响了玉米的下游需求，但由于禽料等其他饲料的补充和深加工需求的稳步增长，2019 年玉米的下游基本平稳，国内玉米现货价格基本稳定，局部价格明显走强。5 月中旬持续上涨行情激发基层贸易商出货心态，加之麦收腾库需求逐步增加，部分贸易商陆续放粮，加工企业厂前到货量增加，库存逐步充裕，报价陆续回调。同时，临储拍卖政策利多提振贸易主体看涨心理强烈，惜售心理导致阶段性供应偏紧，加工企业提价补库。从消费端来看，下游市场需求好转有限，玉米深加工利润依旧压缩，企业持续提价动力不足。由于麦收腾库持续至 6 月，短期供需相对平衡，收购价格整体趋稳。

综合 2018 年拍卖后没有出库的玉米，估计当前临储玉米总库存在 1 亿吨左右，经过 2019 年去库存以后，国内玉米库存降至安全水平，随后玉米市场供需形势发生质的变化，玉米供不应求的现象多发，价格变动的趋势更多的依赖市场。

（二）加工环节

5 月，山东省加工企业开工率回升，玉米淀粉企业开工率 67％左右，企业走货较上月回暖，玉米价格上涨刺激走货量，玉米酒精企业开工率 57％左右，窄幅下滑，深加工玉米量较上月增加。5 月，饲料玉米消费总体较 4 月基本持平，但同比依然出现较大幅度下滑。5 月，山东省玉米走势整体明显上涨，上旬玉米价格基本维持稳定，中旬受临储拍卖消息提振，贸易商看涨心态较强，挺价惜售，企业门前到货量维持较低水平，库存下降；企业价格连续上调带动市场价格上涨，中旬过后，玉米价格维持总体稳定，个别窄幅调整。6 月，华北市场余粮基本售尽，虽然麦收前贸易商依然会陆续出货，但临储首次拍卖高成交和高溢价提振市场，市场心态总体看涨，预计下个月将维持震荡上涨的局面。

（三）山东省玉米消耗情况

5月，企业玉米消耗总量约为 269 万吨，环比消耗增长 5.08％，同比消耗下降比例约 11.22％。其中，深加工企业消耗约为 183 万吨，环比消耗增加了约 7.02％，同比消耗也小幅增长，增长幅度约 5.78％；饲料市场方面，本月消费量约为 86 万吨，环比消耗小幅增长，增幅约 1.18％，同比消耗仍表现为大幅下调，减少幅度约 33.85％（表 2－10）。

表 2－10　2019 年 5 月玉米企业消耗量及同比和环比

项　　　目	企业加工总消耗量	深加工企业消耗量	饲料企业消耗量
2018 年 5 月（万吨）	303	173	130
2019 年 4 月（万吨）	256	171	85
2019 年 5 月（万吨）	269	183	86
环比（％）	5.08	7.02	1.18
同比（％）	−11.22	5.78	−33.85

第七节　2019 年山东省 6 月玉米市场形势分析

6月，玉米市场价格整体小幅上调，涨跌并存。现粮市场交易量少，月平均收购价约上涨 40 元/吨；企业月平均收购价约 2 060 元/吨，最高收购价 2 120 元/吨。随着临储拍卖玉米陆续供应市场，供应相对宽松；从需求端来看，深加工方面，产品高库存，短期内开工率继续下降；猪料市场低迷，饲料市场需求难出现有效改善（表 2－11）。

表 2－11　2018 年 6 月至 2019 年 2 月山东省和全国玉米价格（元/斤）

年月	山东省价格	全国价格
2018 年 6 月	0.923	0.980
2018 年 7 月	0.922	0.980
2018 年 8 月	0.908	0.970
2018 年 9 月	0.923	0.980
2018 年 10 月	0.928	0.990
2018 年 11 月	0.932	0.992
2018 年 12 月	0.945	0.997
2019 年 1 月	0.932	0.975
2019 年 2 月	0.928	0.967

（续）

年月	山东省价格	全国价格
2019 年 3 月	0.926	0.963
2019 年 4 月	0.927	0.964
2019 年 5 月	0.929	0.967
2019 年 6 月	0.950	0.980

注：山东省价格为重点调查县市贸易商当地市场平均收购价格。全国价格为农业农村部每月提供的数据资料（企业价格）。

一、市场价格

6 月，山东省玉米市场价格涨跌并存，基本平稳，整体小幅上调。玉米市场价格在经历了 5 月的两轮大幅上调后，进入 6 月，小幅震荡调整。第一周市场平均交易价格整体小幅下调，第二周小幅回升，14 日后开始呈连续下调的变化。

玉米市场的粮商现粮收购价，在第一周和第二周初分别出现了 2 次上调，两次价格共计上调约 28 元/吨。其他时间保持平稳；企业收购价在 6 月表现出降—升—降的变化，升降幅度均较小。企业月平均收购价约 2 060 元/吨，最高收购价 2 120 元/吨；各地企业的月平均收购价均在 2 000 元/吨以上，月内企业收购价在中旬达到最高。其中，枣庄恒仁工贸在 11～21 日价格保持在 2 120 元/吨，邹平华义玉米收购价 6 月保持 2 100 元/吨，昌乐盛泰 11～14 日收购价也达 2 100 元/吨（图 2-11）。

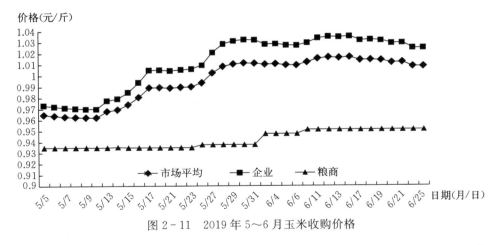

图 2-11　2019 年 5～6 月玉米收购价格

国家临储拍卖已经进行五轮，成交率和成交均价持续缩窄，但成交均价依然处于高位，粮源出库成本居高不下，对当前玉米价格起到一定支撑。受到临储玉米补充的影响，加上拍卖降温贸易商售粮意愿增强，深加工企业库存迎来上涨，深加工企业收购价趋于平稳。总之，临储玉米的持续投放和下游需求的疲软制约了玉米价格的上涨，玉米价格以弱势震荡为主。

二、生产情况

6月，夏玉米播种已基本结束，部分地区播种期降水量偏少，旱情明显。玉米苗期，生产方面主要关注天气变化和草地贪夜蛾的最新进展，做好玉米生长期的管理。

播种较早的地区，苗情整体长势良好，一般在3～5叶期，无明显病虫草灾害发生；水浇条件较差的地区，处于播种出苗期，较正常播种期晚7～14天。

从当前完成播种的面积统计看，山东省2019—2020年度籽粒玉米的播种面积调整不大，总体来看，小幅调减，调减幅度小于5%。

三、市场情况

（一）玉米购销情况

6月，山东省市场玉米供给进入尾声，新麦大量上市，基层贸易商积极入市收购小麦，对玉米购销热度明显降温；中旬开始，加工企业厂门到货持续偏少，被迫提价吸引了东北粮大量流入，造成短时部分企业供应量大，下旬开始企业再次小幅下调玉米收购价格。对于小麦收获大量上市后对玉米的替代可能性，山东省饲料企业的玉米收获价2 040～2 060元/吨，而新麦收购价2 260元/吨，两者价差高达200元/吨。同时，因为小麦品质提升，价格走强，所以不同于2018年的芽麦替代，2019年小麦大规模替代玉米的空间十分有限。

麦收前贸易商腾库后，当地整体供应量偏紧；截至6月20日，临储玉米累计投放量达1 994.53万吨，成交1 401.83万吨。通常临储玉米成交2个月以后进入集中出库期，意味着7月中下旬后临储玉米将大量供应市场，短期内玉米市场供应将较为宽松，采购压力不大。随着临储拍卖玉米出库节点的到来，东北玉米到货量增加，加上部分用粮企业采购进口玉米补充库存，市场粮源供给不断增多。自下旬深加工企业收购价下调后，东北粮发运数量减少，粮源到货量持续偏少，东北粮流入难度增加，玉米价格走势仍以高位弱势震荡为主。建议贸易商关注玉米供需形势变化及时处理囤货；建议用粮企业关注拍卖成交情况和拍卖粮流向。

（二）加工环节

6月，山东省加工企业开工率整体下降。分行业来看，淀粉库存仍然处于高位，玉米淀粉企业开工率57%左右，出现明显下滑，淀粉企业盈利及销售状况无明显好转。主要是玉米价格上涨，下游产品需求疲软，利润下降，停产检修或减产的企业增多；玉米酒精开工率57%左右，较上月基本持平。6月，饲料玉米消费总体较5月微幅下调，同比依然大幅下滑。随着气温升高，禽料需求有一定程度下降，生猪存栏量继续下降，猪料需求同样疲软。6月，山东省玉米价格走势整体小幅上涨，月底市场价格为1 980～2 060元/吨，较上月底上涨50～60元/吨。本月山东省小麦陆续收割上市，基层贸易商主要以小麦购销为主，玉米购销清淡，收购基本无量，贸易商前期库存基本出售完毕，市场供应相对紧张，主要靠东北粮源和拍卖粮供应。随着粮源减少，山东省玉米价格7月维持震荡上涨的趋势，关注临储拍卖成交情况对现货市场的指导作用。

（三）山东省玉米消耗情况

6月，企业玉米消耗总量约为257万吨，环比消耗下降4.46%，同比消耗下降比例约14.33%。其中，深加工企业消耗约为173万吨，环比消耗降低约5.46%，同比消耗也小幅减少，降低幅度约3.89%；饲料市场方面，本月消费量约为84万吨，环比消耗小幅下降，下降幅度约2.33%，同比消耗仍表现为大幅下调，减少幅度约30.00%（表2-12）。

表2-12　2019年6月玉米企业消耗量及同比和环比

项　　目	企业加工总消耗量	深加工企业消耗量	饲料企业消耗量
2018年6月（万吨）	300	180	120
2019年5月（万吨）	269	183	86
2019年6月（万吨）	257	173	84
环比（%）	−4.46	−5.46	−2.33
同比（%）	−14.33	−3.89	−30.00

现粮供给趋紧，拍卖粮和东北粮成市场供给主体，临储玉米拍卖成交及出库情况直接影响玉米市场价格走势；从需求市场来看，饲料市场消耗恢复情况是影响供需形势的关键。

第八节　2019年山东省第二季度玉米 市场形势分析

2018年山东省第二季度，4月玉米市场价格平稳上升，5月价格呈急剧上升的变化，6月价格涨跌并存，整体以微幅下调为主。余粮渐少，临储粮开拍，供应市场基本平稳，企业月均收购价格同比增长5.4%；需求市场多变，整体疲软，深加工企业开工率低位运行，猪料市场低迷。

一、市场价格

2018年第二季度市场价格分别在季初和季末表现为明显下调，其他时间整体表现平稳，季度最高价格出现在 4 月初；2019 年第二季度市场价格较多表现为上涨的变化，最高价格出现在 6 月中旬前后。季度内企业收购最高最低价落差达 188 元/吨。

4 月，玉米市场价格呈平稳涨势，月平均交易价格环比变化不大。3 月底市场降至低点后，4 月开始止跌反弹回升。其中，12～16 日上调幅度较大。4 月山东省基层余粮仅剩 20% 左右，5 月迎来小麦收获前最后一次售粮高峰。综合国际国内市场形势，猪瘟疫情影响不断扩大，下游需求弱，消费市场整体弱势运行。

5 月，市场月平均收购价格上涨约 53 元/吨；企业月平均收购价上调约 65 元/吨；农户售粮价格微幅增长。5 月上涨过程主要集中在 5 月中旬的 10～17 日。在中旬过后的价格集中大幅上调后，多地企业收购价突破 1.0 元/斤。临储玉米拍卖，每周 400 万吨。第一周的成交率达到了 90.66%，且在起拍价较 2018 年提高 200 元/吨的基础上，溢价 100 元/吨以上是常态，最大溢价 170 元/吨以上。较高的溢价对行情上涨提供了支撑，玉米价格在 5 月持续保持快速上涨。

6 月，玉米市场价格整体小幅上调，涨跌并存。现粮市场交易量少，月平均收购价约上涨 40 元/吨；企业月平均收购价约 2 060 元/吨，最高收购价 2 120 元/吨。玉米市场价格在经历了 5 月的两轮大幅上调后，进入 6 月，小幅震荡调整。国家临储完成了六轮拍卖，成交率和成交均价持续缩窄，但成交均价依然处于高位，粮源出库成本居高不下，对当前玉米价格起到一定支撑。临储玉米的持续投放和下游需求的疲软制约了玉米价格上涨，价格以弱势震荡为主（图 2 - 12、图 2 - 13 和表 2 - 13）。

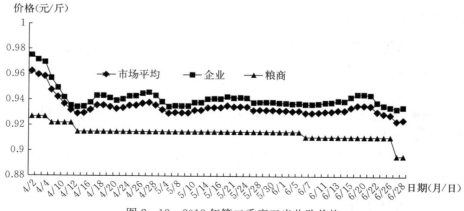

图 2 - 12　2018 年第二季度玉米收购价格

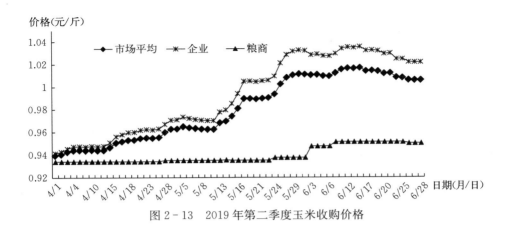

图 2-13　2019 年第二季度玉米收购价格

表 2-13　2019 年第二季度玉米收购价格同比

项目	2018 年第二季度 （元/斤）	2019 年第二季度 （元/斤）	同比 （%）
市场平均	0.93	0.98	4.96
企业收购	0.94	0.99	5.44
粮贩	0.91	0.94	2.76

二、生产情况

4 月，小麦进入抽穗开花期，玉米进入备耕备种阶段，山东省玉米计划播种面积无大幅调整，山东省 2019—2020 年度籽粒玉米的播种面积在 5% 范围内调整。厄尔尼诺现象带来的"南涝北旱"已较为明显。东北大部整个冬季降雪极少，土壤墒情较差，影响玉米播种。东北不同地区已连续 3 年出现较为严重的大面积干旱情况。5 月底至 6 月上旬，山东各地陆续进入小麦收获和玉米集中播种阶段。同期玉米播种期，整体降水偏少，玉米播种期墒情明显不足。当前，夏玉米播种结束，玉米处于苗期，苗情整体长势良好，生产方面主要关注天气变化和草地贪夜蛾的进展，做好玉米生长期的管理。

三、市场情况

（一）玉米购销情况

4 月，玉米走势整体偏强运行，市场活动主要集中在贸易商和企业之间的购销，农户的售粮活动较少，余粮见底；5 月，猪料市场持续低迷，禽料等其他饲料支撑市场，国内玉米现货价格基本稳定，局部价格明显走强。5月中旬，持续上涨行情激发基层贸易商出货心态，加工企业厂前到货量增加，库存逐步充裕；6月，新麦大量上市，基层贸易商积极入市收购小麦，对玉米购销热度明显降温；中旬前后，加工企业厂门到货持续偏少，提价吸引了东北粮大量流入。新上市的小麦优质高价，替代玉米的空间有限。临储拍卖已完成6周，7月中下旬临储玉米大量供应市场。

（二）加工环节

下游市场需求好转有限，玉米深加工利润压缩，深加工企业开工率整体下降，截至6月，玉米淀粉及酒精企业开工率下降到57％左右，企业走货不佳；受需求市场疲软影响，饲料企业玉米消费量连续下降。随着气温升高，禽料需求有一定程度下降，生猪存栏量继续下降，猪料需求同样疲软。市场恢复情况影响当前市场形势的关键。

（三）山东省玉米消耗情况

第二季度，山东省企业玉米消耗统计约为782万吨，同比减少14.35％。其中，深加工企业玉米消耗约为527万吨，同比微幅减少0.75％；饲料企业玉米消耗约为255万吨，同比约减少33.25％（表2-14）。

表2-14　2019年第二季度玉米企业消耗量及同比变化（万吨）

项　　目	企业加工总消耗量	深加工企业消耗量	饲料企业消耗量
2018年4～6月（万吨）	913	531	382
2019年4～6月（万吨）	782	527	255
同比（％）	−14.35	−0.75	−33.25

第九节　2019年山东省7月玉米市场形势分析

7月，市场平均交易价格整体平稳，短期内供给端相对宽松，需求不振，市场价格维持震荡调整。市场现粮交易价7月初小幅上调后保持平稳，企业收购价保持小幅震荡调整；临储拍卖价格在一定时间内主导市场价格走势，消费市场恢复程度是影响价格涨跌幅度的重要因素。

一、市场价格

7月，玉米市场价格小幅震荡调整。贸易商现粮收购价，7月初小幅上调后保持平稳；企业收购价格7月呈微幅涨跌变化。企业平均收购价1.026 0元/斤，环比上调8.40％；现粮市场平均收购价0.961 3元/斤，环比增长7.31％。

短期内市场价格以微幅震荡调整为主，截至24日，山东枣庄恒仁工贸收购价1.060元/斤；临清金玉米、潍坊英轩收购价1.045元/斤；邹平西王、邹平华义收购价1.040元/斤；滨州金汇收购价较低，为0.990元/斤（图2-14）。

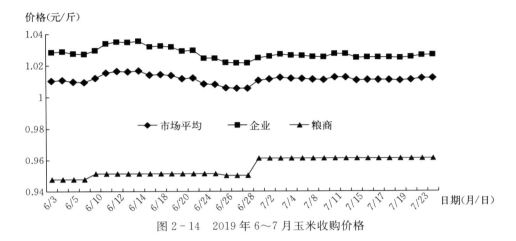

图2-14　2019年6～7月玉米收购价格

新玉米供应收缩，随着2018年产玉米逐步消化，拍卖玉米成为国内玉米供给主力，拍卖成本逐步成为市场玉米的价格"地板"。进入第三季度以来，市场需求并未得到改观，大多深加工企业处于持续亏损状态，部分企业甚至处于停产待市的状态；生猪养殖需求大幅下降，饲料市场疲软抑制近期市场价格。

二、生产情况

当前玉米处于大喇叭口期至孕穗期，该阶段生长需要大量的水分。2017年6月以来，山东各地有效降雨普遍偏少，玉米生长缺水明显，旱情严重。后期需要密切关注玉米生长期内降水情况和有效灌溉区的玉米生长情况。

三、市场情况

（一）玉米购销情况

流通渠道玉米库存较大，拍卖玉米价格优势不明显。国内市场约有2 000万吨的2018年产玉米余粮。临储玉米拍卖以来，成交率持续下降，截至7月18日，累计成交1 750万吨，成交率由首拍的91％降至7月中旬的13％。玉米出库速度远不如2018年，截至7月中旬，玉米累计出库量不足300万吨。

下游需求差，深加工企业生产普遍亏损，备货积极性减弱。山东省深加工企业库存普遍在 15 天左右，5～7 月基本维持稳定。生猪养殖需求始终未见好转，饲料企业玉米库存普遍偏低，多执行前期合同，以随用随采为主。后期随着深加工企业产品市场回暖，需求有望缓慢回升。新季玉米上市前，为弥补 1 个多月的空档期，企业备库积极性提高，后期拍卖成交率回升。

（二）加工环节

7 月，山东省加工企业开工率总体维持较低水平，分行业来看，玉米淀粉企业开工率 57% 左右，环比基本持平。部分酒精企业陆续停产检修，开工率略有下滑，玉米酒精企业开工率 50% 左右，较上月下滑明显。7 月，生猪存栏量继续减少，猪料需求不佳，对玉米消费拉动效果一般，高温天气抑制禽料玉米需求，饲料玉米总量窄幅下调。从玉米行情来看，山东省玉米市场维持区间稳定，局部调整的局面，调整范围 10～20 元/吨，随着华北地区本地粮源减少，低端价格上调，但高端价格基本稳定。当前华北市场主要依靠东北货源供应，下游深加工企业库存水平较高，到货量相对稳定，基本满足生产需求，采购心态较为放松。在当前华北市场供应相对宽松、需求无明显改善的情况下，短期玉米价格维持区间内震荡运行，企业根据到货情况价格窄幅调整。

（三）山东省玉米消耗情况

7 月，企业玉米消耗总量约为 247 万吨，环比消耗下降 3.89%，同比消耗下降比例约 14.83%。其中，深加工企业消耗约为 164 万吨，环比消耗降低约 5.20%，同比消耗也小幅减少，降低幅度约 2.38%；饲料市场方面，本月消费量约为 83 万吨，环比消耗小幅下降，下降幅度约 1.19%，同比消耗仍表现为大幅下调，减少幅度约 31.97%（表 2-15）。

表 2-15　2019 年 7 月玉米企业消耗量及同比和环比

项　　目	企业加工总消耗量	深加工企业消耗量	饲料企业消耗量
2018 年 7 月（万吨）	290	168	122
2019 年 6 月（万吨）	257	173	84
2019 年 7 月（万吨）	247	164	83
环比（%）	-3.89	-5.20	-1.19
同比（%）	-14.83	-2.38	-31.97

玉米生产方面，玉米发育进入关键生长阶段，受天气变化影响明显，尤其缺水干旱的影响最大；玉米市场方面，消费市场恢复情况、玉米企业备库及临储拍卖玉米出库情况是影响玉米市场价格走势和供需结构的关键因素，而非洲猪瘟对国内生猪养殖市场的影响仍呈持续发展状态。

第十节　2019 年山东省 8 月玉米市场形势分析

8 月，饲料市场逐渐回暖，深加工企业开工率继续下滑；新玉米开始零星上市，短期内玉米市场呈稳中震荡走势，市场价格上涨动力不足。山东省玉米市场交易价格微幅震荡调整，环比小幅上调约 0.8%；上中旬价格略高，下旬价格小幅下滑。

一、市场价格

8 月，玉米市场价格整体平稳，小幅涨跌，市场月平均价格 2 038 元/吨；企业月平均收购价 2 071 元/吨，环比小幅增加，增幅 0.8%。玉米市场价格在 7 月 29～30 日出现小幅上涨后微幅调整，29 日和 30 日的上调幅度分别约是 8 元/吨和 6 元/吨；8 月 12 日和 19 日企业交易价格分别出现了两次小幅下调，其中 12 日下调 3 元/吨左右，19 日下调 5 元/吨左右。

8 月，枣庄恒仁工贸、德州福源的最高收购价分别达 2 040 元/吨和 2 030 元/吨；潍坊英轩、德州福源、枣庄恒仁工贸的月平均收购价均在 2 100 元/吨以上；滨州金汇的月平均收购价最低，保持在 1 990 元/吨左右；企业的月平均收购价一般在 2 030～2 090 元/吨。

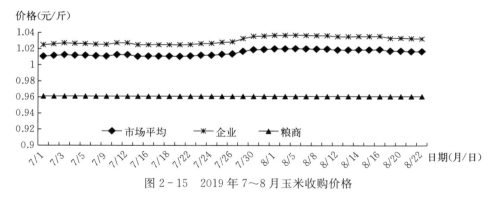

图 2-15　2019 年 7～8 月玉米收购价格

新玉米约 40 天后上市，8 月中旬的异常天气可能对玉米产量有一定的影响，但是不会对市场总体供给造成明显影响。需求市场的恢复情况是决定玉米价格上涨空间的重要因素。

二、生产情况

当前玉米处于授粉期至灌浆期，也是玉米产量形成的关键期。8 月 10～14 日，台风"利奇马"影响山东，大风强降雨天气对关键生育期的玉米造成了一定的不利影响，受台风"利奇马"登陆影响，自 8 月 10 日起，山东各地普遍发生持续降雨，降雨过程多持续到 12 日。山东省平均降水量达 129.6 毫米，最大降水出现在昌乐的城南，达到了 612.0 毫米。青州、临朐的两个监测站点降水量也达到了 500 毫米以上。菏泽多地发布暴雨蓝色预警。

从受灾程度看，强降雨过程出现前，山东各地的玉米田大部分处于严重干旱状态。因此，降水在缓解干旱后，造成的积涝灾害并不严重。受灾玉米田有零星小面积的倒伏出现，但倒伏阶段玉米处于吐丝授粉期，仍有一定的起身恢复能力，对最终产量形成的影响不大。整体来看，灾害天气过程期间，山东省玉米的生长多处于吐丝期至灌浆期的需水关键期，且严重缺水后降水导致出现积涝的田块不普遍，受灾面积在 10％～15％。

三、市场情况

（一）玉米购销情况

供给基本维持稳定，近期临储拍卖成交率不断缩水，参拍主体热情不高，需求依旧疲软，在一定程度上抑制玉米价格上涨。中旬的异常天气对物流的影响已逐步恢复，山东省市场近期到货量稳步上升，新玉米集中上市前，市场供应宽松。短期内玉米市场仍会处于稳中震荡，不会出现太大涨跌。十月前后新玉米上市期，价格或有望出现上涨。

从玉米行情来看，8 月山东省玉米市场维持区间稳定，局部调整的局面，调整范围 10～15 元/吨，市场供应相对充足，厂家按需采购，以东北玉米货源为主，截至 8 月 22 日，山东省深加工企业玉米收购价格为 1 980～2 140 元/吨，饲料企业玉米收购价格为 2 040～2 130 元/吨。8 月末山东省春玉米陆续上市，利空玉米市场。进入 9 月，新季玉米上市量逐渐增大，10 月玉米价格维持弱势运行。

（二）加工环节

8 月，山东省加工企业开工率总体继续下降，分行业来看，玉米淀粉企业开工率 53％左右，继续窄幅下调。玉米酒精行业停产检修企业增多，开工率下滑明显，玉米酒精行业开工率 39％左右，较上月下滑明显。猪瘟疫情仍未得到控制，生猪存栏量及能繁母猪存栏量下降。8 月生猪价格上涨明显，猪饲料玉米消费基本跌至谷底，保持相对稳定；禽料需求缓慢回升，饲料玉米需求小幅增加。总体来看，深加工玉米需求下滑，饲料玉米需求增加，总需求小幅增加。

（三）山东省玉米消耗情况

8 月，企业玉米消耗总量约为 248 万吨，环比消耗微幅增长 0.40％，同比消耗下降比例约 13.89％。其中，深加工企业消耗约为 161 万吨，环比消耗降低约1.83%，同比消耗也小幅减少，降低幅度约1.23%；饲料市场方面，本月消费量约为87万吨，环比消耗小幅增加，增长幅度约4.82%，同比消耗仍表现为大幅下调，减少幅度约30.40%（表2－16）。

表2－16　8月玉米企业消耗量及同比和环比

项　　目	企业加工总消耗	深加工企业玉米需求量	饲料企业玉米需求量
2018年8月（万吨）	288	163	125
2019年7月（万吨）	247	164	83
2019年8月（万吨）	248	161	87
环比（%）	0.40	−1.83	4.82
同比（%）	−13.89	−1.23	−30.40

关注台风"利奇马"降雨导致的积涝和倒伏对玉米后期生长和最终产量的影响；密切关注新玉米上市前玉米市场价格走势；关注后期猪料市场的恢复情况。

第十一节　2019年山东省9月玉米市场形势分析

9月，需求市场恢复缓慢，市场供给相对宽松，价格上涨无有效支撑。受新粮集中收获供给市场和拍卖粮持续出库的影响，短期内玉米市场价格维持弱势震荡调整。市场价格整体小幅下滑，下跌主要出现在9月上旬和9月下旬，企业月平均收购价环比约下调30元/吨。

一、市场价格

9月，玉米市场价格呈涨跌交替变化，市场月平均价环比小幅下调。玉米企业月平均收购价约2 036元/吨，环比下调约30元/吨；贸易商玉米收购价约1 915元/吨，环比下调约20元/吨。9月玉米市场的价格波动主要分3个阶段，分别是上旬的价格下跌阶段、中旬的价格微幅上调阶段和下旬的价格再次下调阶段。玉米企业月内最低交易价格出现在9月下旬，月内最高交易价格则出现在9月18日前后，最低和最高交易价格分别是2 020元/吨和2 050元/吨。

各地企业月平均玉米收购价格差别较大，沂水大地、滨州金汇、菏泽成武大地9月玉米平均收购价均低于2 000元/吨，价格区间为1 960～2 000元/吨。其他地区企业收购一般在2 020元/吨以上。其中，德州福源生物、邹平西王、邹平华义月平均收购价约为 2 077 元/吨；潍坊英轩、昌乐盛泰、寿光金玉米、临清金玉米、诸城兴贸玉米的月平均收购价在 2 020～2 060 元/吨（图 2－16）。

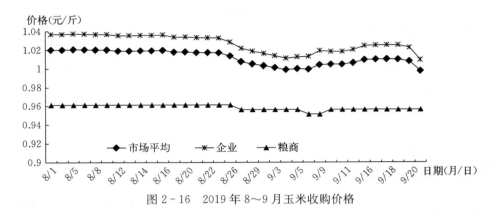

图 2－16　2019 年 8～9 月玉米收购价格

新玉米陆续开始收获，但仍处于零星上市阶段，未有效供给市场。企业利润状况不佳，下游需求不振，临储玉米拍卖成交率虽止跌且略有回升，但依旧处于低位。中旬开始的提价吸引到货，深加工企业库存充足，加之华北新季玉米大量上市，临储拍卖玉米继续出库，贸易商库存玉米仍有出库意愿。总体看，当前玉米供应充足而需求增长乏力，玉米价格难有大的波动。后期随着新季玉米陆续上市，玉米价格出现继续下行的局面，待临储拍卖结束之后，北方主产区新季玉米主力集中上市前的"空档期"，玉米价格有阶段性的上涨空间。

二、生产情况

9 月下旬开始，山东各地零星地块玉米开始收获，进入 10 月，山东夏玉米也进入集中收获阶段，接着新玉米陆续供应市场。玉米收获期前后，天气变化直接影响玉米产量和品质；生产方面密切关注天气变化，关注玉米收获后的晾晒和存放情况。新陈粮源交替之时，玉米价格随新粮上市会出现波动，关注新陈粮源价差变化。

三、市场情况

（一）玉米购销情况

新玉米零星上市，东北粮陆续到货，加工企业厂门到货量增加，价格止涨暂稳，深加工企业玉米收购价整体稳定，个别企业有下调。随着玉米市场上量的继续增加，后期企业收购价还存在下行风险。企业收购水平主要依赖需求市场的恢复情况和消化能力，多数企业以消化库存为主，拍卖和收购积极性均比较低，临储玉米停拍前后玉米市场的供需流通情况是市场关注的焦点。

数据显示，9 月 19 日，临储玉米投放 349.313 3 万吨，成交 25.897 3 万吨，成交率 7.41%，较上次拍卖下跌 0.09 个百分点；成交均价 1 678.21 元/吨，较上周同期上涨 10.44 元/吨。截至 9 月 19 日，临储玉米拍卖共计进行 18 周，累计投放量达 7 008.56 万吨，累计成交 2 161.57 万吨，累计成交率 30.8%。一定时间内，拍卖成交玉米陆续出库持续供应市场。

（二）加工环节

9 月，山东省加工企业开工率总体回升，近期在造纸食品等行业需求的带动下，玉米淀粉下游市场拿货积极性较高，市场供需关系相对平衡，本月开工率 66.26%，开工增长明显。近期玉米干酒糟产品报价局部高位回落，带动酒精现货价格局部上涨，供给趋紧，酒精行业加工利润回升，关注下游副产品价格波动及加工利润调整；下游养殖方面，随着生猪价格不断上涨，养殖积极性提升，生猪出栏体重上升，自繁户补栏积极性较高，双重利好因素刺激猪饲料需求回升，但生猪存栏量处于低位，养殖需求筑底恢复尚需时间；鸡蛋价格维持高位，禽料需求进一步回升，饲料玉米需求逐渐复苏。总体来看，深加工和饲料玉米需求均上升。

9 月，山东省玉米价格重心下移，新玉米开始上市，陈粮和新粮共同供应市场。截至 9 月 20 日，山东省深加工企业玉米收购价格为 1 990～2 100 元/吨；饲料企业价格相对坚挺，价格为 2 020～2 120 元/吨。进入 10 月，新季玉米大量上市，11 月玉米价格维持弱势运行。

（三）山东省玉米消耗情况

9 月，企业玉米消耗总量约为 279 万吨，环比消耗有明显增长，增幅 12.50%，同比消耗仍有一定幅度的减少，下降比例约 9.71%。其中，深加工企业消耗约为 189 万吨，环比消耗增加明显，增长幅度 17.39%，同比消耗也小幅增长，增幅 3.85%；饲料市场方面，本月消费量约为 90 万吨，环比消耗小幅增加，增长幅度约 3.45%，同比消耗仍表现为大幅下调，减少幅度约 29.13%（表 2-17）。

表 2-17　2019 年 9 月玉米企业消耗量及同比和环比

项　　目	企业加工总消耗量	深加工企业消耗量	饲料企业消耗量
2018 年 9 月（万吨）	309	182	127
2019 年 8 月（万吨）	248	161	87

（续）

项　目	企业加工总消耗量	深加工企业消耗量	饲料企业消耗量
2019 年 9 月（万吨）	279	189	90
环比（%）	12.50	17.39	3.45
同比（%）	−9.71	3.85	−29.13

第十二节　2019 年山东省第三季度玉米市场形势分析

7 月，市场平均交易价格整体平稳，环比小幅增加；8 月，价格微幅上涨约 0.8%；9 月，玉米企业月平均价格环比下调约 35 元/吨。

一、市场价格

7 月，玉米市场价格小幅震荡调整。贸易商现粮收购价，7 月初小幅上调后保持平稳；企业平均收购价 1.026 0 元/斤，环比上调 8.40%；现粮市场平均收购价 0.961 3 元/斤，环比增长 7.31%。随着 2018 年产玉米逐步消化，拍卖玉米逐渐成为国内玉米供给主力。进入第三季度以来，市场需求并未得到改观，大多深加工企业处于持续亏损状态，部分企业甚至处于停产待市的状态；生猪养殖需求大幅下降，饲料市场疲软抑制近期市场价格。

8 月，玉米市场价格整体平稳，小幅涨跌，市场月平均价格 1.019 0 元/斤；企业月平均收购价 1.035 5 元/斤，环比小幅增加，增幅 0.8%；企业的月平均收购价一般在 1.015 0～1.045 0 元/斤。8 月中旬的异常天气对玉米产量有一定的影响，但是不会明显影响市场总体供给，需求市场的恢复情况是决定玉米价格上涨空间的重要因素。

9 月，玉米市场价格呈涨跌交替变化，市场月平均价环比小幅下调。玉米企业月平均收购价约为 1.018 0 元/斤，环比下调约为 30 元/吨；贸易商玉米收购价约为 0.957 5 元/斤，环比下调约为 20 元/吨。玉米市场的价格波动主要分 3 个阶段，分别是上旬的价格下跌阶段、中旬的价格微幅上调阶段和下旬的价格再次下调阶段。新玉米陆续开始收获，但仍处于零星上市阶段，未有效供给市场。总体来看，当前玉米供应充足而需求增长乏力，玉米价格难有大的波动。

2019 年第三季度，7 月至 8 月中旬价格整体变化不大，整体微幅上调；8 月下旬至 9 月上旬价格明显回落，随后小幅回升；9 月下旬开始价格大幅回落。季度内市场最高交易价格出现在 8 月上旬前后，最低价格出现在 9 月底，其中企业平均收购价最低约在 0.974 9 元/斤（图 2-17、图 2-18，表 2-18）。

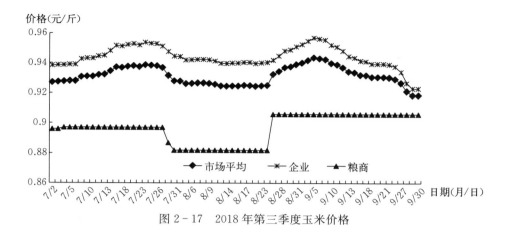

图 2-17　2018 年第三季度玉米价格

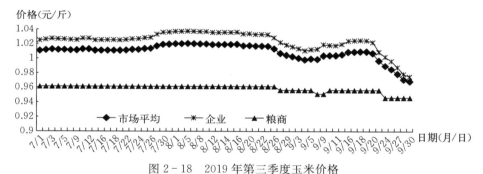

图 2-18　2019 年第三季度玉米价格

表 2-18　2019 年第三季度玉米价格及同比

项目	2018 第三季度 （元/斤）	2019 第三季度 （元/斤）	同比 （%）
市场平均价格	0.93	1.01	8.35
企业收购价格	0.94	1.02	8.45
粮贩价格	0.90	0.96	6.91

二、生产情况

6 月以来，山东各地有效降雨普遍偏少，玉米生长缺水明显，旱情严重，部分地区苗情受缺水影响明显；8 月玉米处于授粉期至灌浆期，也是玉米产量形成的关键期。8 月 10～14 日，台风"利奇马"影响山东，大风强降雨天气对关键生育期的玉米造成了一定的不利影响。从受灾程度看，强降雨过程出现前，山东各地的玉米田大部处于严重干旱状态。因此，降水在缓解干旱后，造成的积涝灾害并不严重。受灾玉米田有零星小面积的倒伏出现，但倒伏阶段玉米处于吐丝授粉期，仍有一定的起身恢复能力，对最终产量形成的影响不大。整体来看，灾害天气过程期间，降水导致出现积涝的田块不普遍，受灾面积在10%～15%。9月下旬开始，山东各地零星地块玉米开始收获，进入10月，山东夏玉米也进入集中收获阶段，接着新玉米陆续供应市场。当前生产方面应主要关注玉米收获期天气情况，关注玉米收获后的晾晒和存放情况。新陈粮源交替之时，玉米价格随新粮上市会出现波动，关注新陈粮源价差变化。

三、市场情况

（一）玉米购销情况

7月，流通渠道玉米库存较大，拍卖玉米价格优势不明显。临储玉米拍卖以来，成交率持续下降，截至7月18日，累计成交1750万吨，成交率由首拍的91%降至7月中旬的13%。玉米出库速度远不如2018年，截至7月中旬，玉米累计出库量不足300万吨。

8月，供给基本维持稳定，近期临储拍卖成交率不断缩水，参拍主体热情不高，需求依旧疲软，在一定程度抑制玉米价格上涨。随着中旬异常天气对物流影响的恢复，山东省市场到货量稳步上升，新玉米集中上市前，市场供应宽松。

9月，新玉米零星上市，东北粮陆续到货，加工企业厂门到货量增加，价格止涨暂稳，深加工企业玉米收购价整体稳定，个别企业有下调。企业收购水平主要依赖需求市场的恢复情况和消化能力，多数企业以消化库存为主，拍卖和收购积极性均比较低，且一定时间内，前期拍卖成交玉米陆续出库持续供应市场。随着新粮收购价格连续下跌，价格逐渐接近农户种植成本，贸易商挺价心态趋强，部分加工企业到货量略有减少。

（二）加工环节

7月，山东省加工企业开工率总体维持较低水平，分行业来看，玉米淀粉企业开工率57%左右，环比基本持平。部分酒精企业陆续停产检修，开工率小下滑，玉米酒精企业开工率50%左右，较上月下滑明显。7月生猪存栏量继续减少，猪料需求不佳；高温天气抑制禽料玉米需求，饲料玉米总量窄幅下调。

8月，山东省加工企业开工率总体继续下降，分行业来看，玉米淀粉企业开工率53%左右，继续窄幅下调。玉米酒精行业停产检修企业增多，开工率下滑明显，玉米酒精行业开工率39%左右，较上月下滑明显。猪瘟疫情仍未得到控制，生猪存栏量及能繁母猪存栏下降。8月生猪价格上涨明显，猪饲料玉米消费基本跌至谷底，保持相对稳定；禽料需求缓慢回升，饲料玉米需求小幅增加。

9月，山东省加工企业开工率总体回升，近期在造纸食品等行业需求的带动下，玉米淀粉下游市场拿货积极性较高，市场供需关系相对平衡，本月开工率 66.26%，开工增长明显。近期酒精行业加工利润回升，关注下游副产品价格波动及加工利润调整。下游养殖方面，随着生猪价格不断上涨，养殖积极性提升，生猪出栏体重上升，自繁户补栏积极性较高，双重利好因素刺激猪饲料需求回升，但生猪存栏量处于低位，养殖需求筑底恢复尚需时间；鸡蛋价格维持高位，禽料需求进一步回升，饲料玉米需求逐渐复苏。

（三）山东省玉米消耗情况

第三季度，山东省玉米企业消耗统计约为 774 万吨，同比减少 12.74%。其中深加工企业玉米消耗约为 514 万吨，同比微幅增长 0.19%；饲料企业玉米消耗约为 260 万吨，同比约减少 30.48%（表 2 - 19）。

表 2 - 19　2019 年第三季度山东省玉米企业消耗量及同比

项　　　目	企业加工总消耗	深加工企业玉米需求量	饲料企业玉米需求量
2018 年 7～9 月（万吨）	887	513	374
2019 年 7～9 月（万吨）	774	514	260
同比（%）	−12.74	0.19	−30.48

第十三节　2019 年山东省 10 月玉米市场形势分析

10 月，消费市场恢复缓慢，猪料市场更是需要较长的恢复期。短期内玉米市场供给相对充足，农户售粮节奏一定程度上影响价格走势。玉米价格先跌后涨，22 日前后止涨再次进入下滑阶段。基本表现为上旬跌、中旬涨、下旬跌（图 2 - 19）。

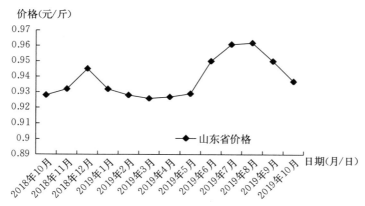

图 2 - 19　2018 年 10 月至 2019 年 10 月玉米价格
注：价格为重点调查县市贸易商当地市场平均收购价格。

一、市场价格

10月，山东省玉米市场价格涨跌分明。月初随着新粮开始大量上市，玉米价格延续9月下旬开始的下跌趋势，至8日前后价格基本触底，农户售粮积极性减弱，加上阴雨天气影响，9日开始价格止跌反弹。农户售粮价格，在10月上旬出现一次下跌调整，之后整体平稳。截至10月24日，山东省深加工企业玉米收购价格为1 830～1 990元/吨，饲料企业收购价格为1 880～2 000元/吨。

企业月均收购价格为1 928元/吨，环比下调约为93元/吨。10月企业最低收购价约为1 904元/吨，经过中旬的一轮上调后，企业平均收购价达到10月最高，约为1 950元/吨。9月玉米企业平均最高收购价约为2 050元/吨，10月企业平均最高收购价环比约下调了100元/吨。进入11月，新季玉米全面上市，价格维持整体稳定，涨跌幅度有限（图2-20）。

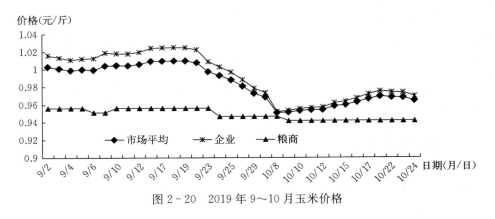

图2-20　2019年9～10月玉米价格

部分地区企业10月玉米平均收购价环比情况（表2-20）。

表2-20　2019年部分地区和企业10月收购价格及环比（万吨）

项目	寿光	新丰	兴贸	润生	菏泽	枣庄	沂水	临清	西王	邹平	潍坊	昌乐	德州	滨州
9月平均	2 027	2 024	2 006	2 006	1 964	1 997	1 980	2 007	2 068	2 071	2 060	2 040	2 059	1 986
10月平均	1 937	1 939	1 922	1 922	1 839	1 921	1 855	1 884	1 996	1 996	1 972	1 965	1 923	1 916
环比	-90	-86	-84	-84	-125	-76	-125	-122	-72	-74	-88	-76	-136	-70

二、生产情况

各地玉米基本收获完毕，"地头粮"销售阶段基本结束。新收获玉米处于晾晒-存储-脱粒阶段。受当前价格波动影响，农户出售积极性不高，农户新粮出售进度一定程度上影响玉米市场价格走势。随着天气好转和市场恢复，农户和贸易商的出货意愿较强，加工企业厂前到货量逐渐增多，玉米价格稳中偏弱。

2019 年山东省籽粒玉米的产量与 2018 年基本持平。济宁邹城、嘉祥平均亩产均为 600 千克左右；菏泽郓城及周边亩产为 500 千克左右，同比略降；潍坊高密亩产约为 500 千克，较 2018 年小幅减产。诸城亩产约为 600 千克；德州中等地力水平以上地块亩产约为 620 千克，与 2018 年相比产量持平略增；也有少数地块因大风暴雨天气的倒伏出现减产。新玉米收获后，天气状况尚可，比较适合玉米的晾晒，保障了新玉米的质量，霉变少，毒素低。

三、市场情况

（一）玉米购销情况

菏泽新玉米收购价 0.935 元/斤，东北陈玉米到厂价 1.02 元/斤。前期的连续降雨天气，影响新玉米晾晒和上市量；聊城部分企业从周边省收购玉米，其中安徽新玉米含水量 16% 以下，容重 730 克/升以上，到厂收购价 0.95 元/斤。东北玉米仍有少量到货，当地新玉米上市量不大。受新玉米含水量偏高影响，企业对陈玉米仍有一定的需求，这在一定程度上支撑市场陈玉米价格。

综合市场购销现状，10 月 17 日临储玉米最后一拍结束，2019 年度拍卖总成交量不足 2 200 万吨，较 2018 年相比明显下降，这对玉米市场价格有一定支撑。新粮市场，农户出售潮粮的积极性不大，仅少部分无保管、存放意愿或急于变现用钱的，还有少量担心以后行情会继续下跌的农户，收获后直接出售潮粮变现。市场恢复程度和农户售粮节奏是影响玉米市场价格波动的重要因素。密切关注猪料市场的恢复情况和玉米的市场上量节奏。

（二）加工环节

10 月，山东省加工企业开工率继续回升，国庆假期过后，原料玉米价格大幅下跌，企业成本压力明显减弱，由于玉米供应充足及减产的企业恢复正常运营，行业开工率继续提高，本月开工率达到 67.78%。生猪价格不断上涨，养殖企业和养殖户补栏积极性持续增加，猪料玉米需求继续回升。猪肉价格带动肉鸡和鸡蛋价格上涨，肉禽养殖周期短，盈利丰厚，养殖户补栏积极性较高，禽料需求也进一步回升。总体来看，深加工和饲料玉米需求继续上升。消费市场恢复周期的长短直接影响玉米市场的价格波动和走势。

（三）山东省玉米消耗情况

10 月，企业玉米消耗总量约为 297 万吨，环比消耗小幅增长，增幅 6.45%，同比消耗仍有一定幅度的减少，减少比例约 8.90%。其中，深加工企业消耗约为 202 万吨，环比消耗有一定增加，增长幅度 6.88%，同比消耗也小幅增长，增幅 2.02%；饲料市场方面，本月消费量约为 95 万吨，环比消耗小幅增加，增长幅度约 5.56%，同比消耗仍表现为大幅下调，减少幅度约 25.78%（表 2-21）。

表 2-21　2019 年 10 月玉米企业消耗量及同比和环比

项　　目	企业加工总消耗量	深加工企业消耗量	饲料企业消耗量
2018 年 10 月（万吨）	326	198	128
2019 年 9 月（万吨）	279	189	90
2019 年 10 月（万吨）	297	202	95
环比（%）	6.45	6.88	5.56
同比（%）	−8.90	2.02	−25.78

第十四节　2019 年山东省 11 月玉米市场形势分析

　　11 月，山东省玉米市场价格分别出现两次涨跌过程，企业月均收购价，月初最低，约为 0.98 元/斤；21 日前后达到本月价格高位，约为 1.00 元/斤。综合当前玉米市场供需形势，短期内价格呈震荡走势；东北玉米外运水平直接影响现货玉米价格；节前企业备库对玉米价格形成有力支撑。

一、市场价格

　　11 月，山东省玉米市场价格保持小幅震荡调整，价格整体呈上涨走势。月初至 22 日，价格呈涨—跌—涨—跌的变化特点。月初至 11 日，价格持续小幅上涨；12～15 日，价格小幅下调；16～21 日，价格微幅上涨；21 日开始又止涨下跌。

　　11 月，粮商玉米收购价保持在 1 880～1 890 元/吨，环比变化不大；截至 22 日，山东各地企业月均收购价 1 984 元/吨，环比增长约 51 元/吨。11 月企业平均最低收购价出现在月初，约为 1 963 元/吨；平均最高收购价出现在 21 日前后，约为 2 000 元/吨。邹平西王、邹平华义、潍坊英轩和昌乐盛泰的月均收购价均超过了 2 000 元/吨，分别是 2 023 元/吨、2 022 元/吨、2 018 元/吨和 2 006 元/吨。邹平西王和邹平华义在 11～21 日的企业逐日收购价均在 2 030 元/吨左右（图 2-21）。

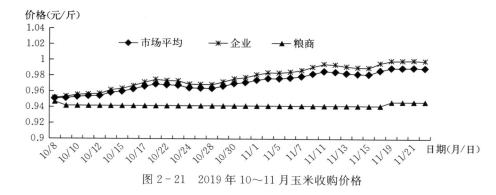

图 2 - 21　2019 年 10～11 月玉米收购价格

各地企业收购价环比均有明显上调，其中，沂水大地收购价环比增长了 94 元/吨，枣庄恒仁工贸环比增长了 76 元/吨，诸城兴贸淀粉和润生淀粉收购价环比均上涨了 67 元/吨。截至 11 月 22 日，山东省企业玉米收购价格为 1 920～2 030 元/吨（表 2 - 22）。

表 2 - 22　2019 年 11 月部分地区和企业收购价格及环比（万吨）

项目	寿光	新丰	兴贸	润生	菏泽	枣庄	沂水	临清	西王	邹平	潍坊	昌乐	德州	滨州
10 月平均	1 941	1 942	1 929	1 929	1 841	1 930	1 870	1 892	2 000	2 000	1 977	1 966	1 922	1 919
11 月平均	1 997	1 997	1 996	1 996	1 900	2 006	1 964	1 932	2 023	2 023	2 018	2 006	1 970	1 945
环比	56	55	67	67	59	76	94	40	23	23	41	40	47	26

多数加工企业库存维持半个月左右，玉米收购价格短期内难以明显降低。雨雪天气致使基层上量受阻，东北新粮外运量出现下滑，本地粮售粮进度同比偏慢，贸易商收购难度增加，企业厂门货量不多，部分企业通过提价积极备货；因禽料利润较好，饲料企业原料收购较积极，带动行情阶段性上涨。随着本地玉米销售积极性提高，以及东北玉米陆续大量供应市场，22 日开始，行情止涨企稳，部分工厂开始根据到货情况小幅下调收购报价。

二、生产情况

集中收获期，地头散粮及散户潮粮已完成出售。山东省玉米全部完成收获已 1 个月有余，收获期及收获后期天气晴好，利于玉米的晾晒和储存，玉米霉变少，毒素低，玉米质量好。各地产量情况增减不一，整体来看，2018—2019 年度山东玉米籽粒单产较 2018 年基本持平，收获面积较 2018 年同比略减，总产同比持平或略降，农户亩收益较 2018 年基本持平。

三、市场情况

（一）玉米购销情况

2019 年，山东省玉米总产 1 900～1 950 万吨，出售进度同比变化不大，当前已完成出售玉米约占总量的 30％，则新玉米上市量约 580 万吨。10～11 月，山东省玉米市场总消耗约为 690 万吨，当地新玉米上市量占市场总消费的 84％，即 16％（约 110 万吨）的玉米需要外购。综合来看，前期拍卖成交未出库临储玉米、当地新节奏基本一致。

东北玉米收获期推迟，减缓了东北玉米外运供应山东省玉米市场的节奏，同时近期出现的雨雪天气和高运费局面，都在一定程度上影响东北粮的外运供应，这对当地玉米市场价格起到了一定的支撑作用。需求端来看，深加工企业开工率保持平稳略增，企业谨慎备库；饲料企业按需采购，看量调价。基层购销活跃度一般，玉米购销保持相对平衡；贸易商出货价格重心震荡上涨，下旬开始市场供应量逐渐增大，价格稳中偏弱。

关注猪料市场的恢复情况；关注天气变化对东北玉米集中上量及外运的影响；玉米、东北玉米、周边省玉米同时供应市场，新玉米上市节奏与玉米市场需求关注水稻、大麦对玉米的替代及进口替代品的数量及使用情况。

（二）加工环节

11 月，山东省加工企业开工率继续上调，新玉米开始大量供应市场，企业根据自身情况按需采购，淀粉企业利润水平尚可，本月开工率 69％左右。经过了前期的连续上涨，进入 11 月，生猪价格出现较大幅度的走低，散户生猪出栏积极性相对较高，部分规模养殖场仍有压栏增重的操作。整体而言，生猪供应量基本可满足当前市场需求，生猪养殖利润维持高位，饲料玉米需求保持相对稳定。鸡蛋和肉鸡价格也呈现下滑趋势，本月淘汰鸡出栏量环比增加，但随着新增产蛋鸡产能的释放，鸡蛋产能稳定。正值农历春节最后一批毛鸡补栏时期，养殖户补栏心态相对稳定。总体来看，深加工和饲料玉米需求继续增加。

（三）山东省玉米消耗情况

11 月，企业玉米消耗总量约为 310 万吨，环比消耗小幅增长，增幅 4.38％，同比消耗表现为微幅减少，减少比例约 0.32％。其中，深加工企业消耗约为 213 万吨，环比消耗有一定增加，增长幅度 5.45％，同比消耗也小幅增长，增幅 4.93％；饲料市场方面，本月消费量约为 97 万吨，环比消耗小幅增加，增长幅度约 2.11％，同比消耗仍表现为较大幅度减少，减少幅度约 10.19％。

表 2-23 2019 年 11 月玉米企业消耗量及同比和环比

项　　目	企业加工总消耗量	深加工企业消耗量	饲料企业消耗量
2018 年 11 月（万吨）	311	203	108
2019 年 10 月（万吨）	297	202	95
2019 年 11 月（万吨）	310	213	97
环比（%）	4.38	5.45	2.11
同比（%）	−0.32	4.93	−10.19

第十五节　2019 年山东省 12 月玉米市场形势分析

12月，市场整体供应充足，消费市场恢复缓慢，企业按需随采随用，大量备库意愿不强；运费高居不下，影响玉米到货，消费以当地玉米为主，低价致农户惜售支撑玉米价格。山东省玉米市场价格微幅震荡调整，上旬表现为缓慢下调；中旬涨跌并存，但波动不大。企业月平均收购价 0.977 9 元/斤，环比约下调 0.013 1 元/斤。

一、市场价格

12月，玉米价格整体走低，玉米市场价格在 11 月 21 日前后达到新高后开始缓慢下调走势，12 月 9 日前后价格达近两月最低，10 日开始止跌上调，但上涨幅度不大，之后市场价格表现为微幅震荡走势，涨跌并存。

12月，山东省企业玉米月平均收购价 0.977 9 元/斤，环比下调 0.013 1 元/斤。企业平均最高收购价出现在月初，最低收购价出现在 12 月 9 日前后；粮商市场平均收购价 0.923 3 元/斤，环比下调 0.019 0 元/斤，粮商收购价自 11 月下旬出现两次连续下调后，12 月价格保持稳定，无涨跌变化（图 2-22）。

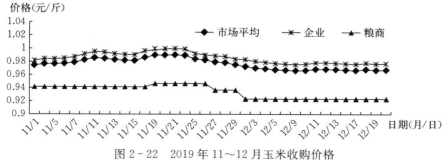

图 2-22 2019 年 11～12 月玉米收购价格

各地企业收购价环比涨跌不一。菏泽成武大地、沂水大地、临清金玉米、德州福源生物和滨州金汇收购价表现为上调。其中，菏泽成武大地月平均收购价上调约 83.8 元/吨，临清金玉米和滨州金汇分别上调 57.5 元/吨和 53.3 元/吨；邹平西王和邹平华义月平均收购价分别下调 42.1 元/吨和 40.6 元/吨，潍坊玉米企业月平均收购价普遍下调 20～30 元/吨。其中，寿光新丰淀粉和潍坊英轩分别约下调 28.6 元/吨和 28.5 元/吨。

截至 12 月 21 日，山东省深加工企业玉米收购价格为 1 880～2 030 元/吨，饲料企业价格为 1 860～2 020 元/吨（表 2-24）。

表 2-24　2019 年部分企业 12 月收购价格及环比

项目	寿光	新丰	兴贸	润生	菏泽	枣庄	沂水	临清	西王	邹平	潍坊	昌乐	德州	滨州
11月平均价格（元/吨）	1 993	1 996	1 994	1 994	1 899	2 006	1 962	1 926	2 024	2 021	2 021	2 001	1 966	1 946
12月平均价格（元/吨）	1 968	1 968	1 970	1 974	1 983	1 990	1 988	1 984	1 982	1 981	1 992	1 999	1 999	2 000
环比（%）	−24.8	−28.6	−24	−20.2	83.81	−15.4	26.05	57.52	−42.1	−40.6	−28.5	−2	33.05	53.31

运费上行倒逼成本，现粮收购价上行承压。部分存储条件受限的农户陆续出售存粮，故天气变化是影响售粮节奏的重要因素，同时也增加了基层售粮的不确定性。下游企业陆续开展春节前备货，但下游需求减弱，消费市场形势影响企业备库水平。春节前玉米市场价格大幅上行空间有限，持续关注春节时间节点前后基层售粮进度。

二、生产情况

生产环节，价格低位，农户惜售情绪较高。可能出现的不良天气及春节来临前的变现需要是影响农户出售节奏的重要因素。严查超载和高居不下的运费直接影响东北及周边玉米的外运供应，建议农户密切关注市场形势，把握售粮时机，保障收益。

三、市场情况

（一）玉米购销情况

12 月中旬前后的雨雪雾霾天气影响基层市场购销，玉米流通量减少；运费高直接影响玉米外运，市场进入阶段性的供应短缺状态，深加工企业厂门到货车辆有所减少，部分企业调价促量。企业采购玉米主要以本地粮源为主，但基层惜售心态依然坚挺，一定程度支撑价格。随着后续天气的转好，市场供应量逐渐增加，价格或以低位震荡调整为主；后期天气变化和节前企业备货是影响玉米市场购销的主要因素。

从玉米行情来看，12月玉米价格维持稳中偏弱运行的态势，除了本月中旬受天气影响，厂家到货减少以外，本月大部分时间下游厂家玉米到货量维持高位。进入1月，随着春节临近，农户售粮积极性逐渐增强，市场供应量加大，玉米价格整体或继续偏弱运行，但由于价格已经处于相对低位，预计价格下调空间有限。

（二）加工环节

12月，山东省加工企业开工率继续上调，玉米淀粉行业加工利润盈利情况维持相对稳定，截至12月19日，山东省玉米淀粉厂家毛利润理论值约为102.15元/吨，当前原料玉米供应稳定且相对充裕，企业开工积极性较高。截至12月19日，本月山东省玉米淀粉行业内开工率为73.02%，较上月继续微幅上调；生猪存栏量依然维持相对低位，支撑猪肉价格高位运行，但猪肉高价对终端消费需求抑制作用比较明显。随着春节临近，猪肉消费迎来季节性高峰，生猪出栏量增加。同时，国储、贸易商冷冻肉投放量增加，猪肉价格继续上涨空间有限；本月受鸡蛋价格持续走低及天气影响，各环节库存增加，货源供应充足。短期来看，市场需求难有起色，蛋价或延续偏弱行情，但随着蛋价走低及元旦临近，市场需求或有好转，鸡蛋价格跌后回弹，但涨势不足。

（三）山东省玉米消耗情况

12月，企业玉米消耗总量约为349万吨，环比消耗明显增长，增幅12.58%，同比消耗也有较大幅度的增加，增幅达11.86%。其中，深加工企业消耗约为252万吨，环比消耗增长明显，增幅18.31%，同比消耗也大幅增长，增幅达17.76%；饲料市场方面，本月消费量约为97万吨，环比消费无增减变化，同比消耗微幅减少，减少幅度约1.02%（表2-25）。

表2-25　2019年12月玉米企业消耗量及同比和环比

项　　目	企业加工总消耗量	深加工消耗量	饲料企业消耗量
2018年12月（万吨）	312	214	98
2019年11月（万吨）	310	213	97
2019年12月（万吨）	349	252	97
环比（%）	12.58	18.31	0.00
同比（%）	11.86	17.76	−1.02

春节前农户有一波习惯性售粮高峰，关注节前玉米市场上量，关注企业备库能力；关注后期的天气变化及其对东北玉米外运的影响；关注后期玉米替代品的进口、到货和使用情况及节后生猪产能的恢复情况。

第十六节　2019年山东省玉米市场形势分析

2019年，3月山东省市场平均价格最低约0.926元/斤，8月平均价格最高约0.962元/斤；全年粮商平均收购价约0.943元/斤；全年企业平均收购价约0.993元/斤。

综合当前玉米市场供需形势，短期内价格保持震荡走势；东北玉米外运水平直接影响现货玉米价格；节前企业备库对玉米价格形成有力支撑。

一、市场价格

2018年山东省玉米市场的两个价格高峰期分别出现在3～4月和10～11月；2019年山东省玉米市场的价格特点则表现为两头低，中间高。3～5月和10月是玉米价格的两个低谷，6～9月则保持相对高位运行。价格最低出现在3月底至4月初，价格的两个峰点则分别出现在6月和8月（图2-23、图2-24）。

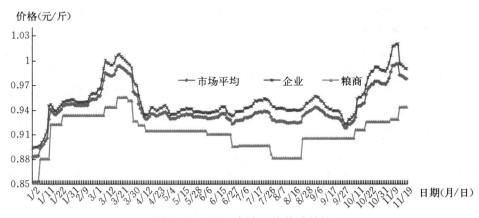

图 2-23　2018年度玉米收购价格

2019年3月至4月上旬、10月下旬至11月上中旬企业收购价同比低于2018年，其他时段同比均明显高于2018年。其中，6～8月同比分别高出0.091元/斤、0.081元/斤和0.091元/斤（图2-25、表2-26）。

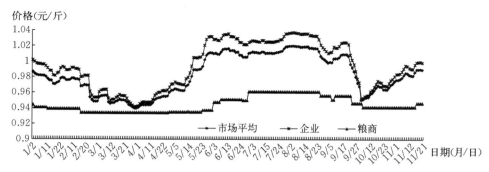

图 2 - 24　2019 年度玉米收购价格

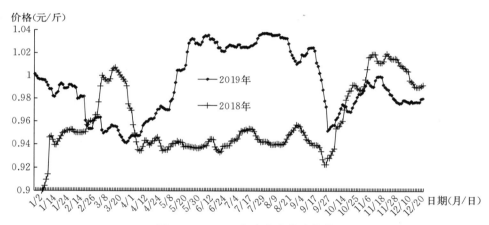

图 2 - 25　2019 年度企业收购价格

表 2 - 26　2019 年玉米企业逐月平均收购价格及同比

项目	1 月	2 月	3 月	4 月	5 月	6 月	7 月	8 月	9 月	10 月	11 月	12 月	平均
2018 年 (元/斤)	0.93	0.95	0.99	0.95	0.94	0.94	0.95	0.94	0.94	0.96	1.00	1.00	0.95
2019 年 (元/斤)	0.99	0.98	0.95	0.95	1.00	1.03	1.03	1.03	1.01	0.97	0.99	0.94	0.99
同比 (%)	0.064	0.025	−0.037	0.008	0.058	0.091	0.081	0.091	0.068	0.004	−0.007	−0.025	0.040

　　粮商逐月平均收购价，同比仅 3 月价格低于 2018 年，其他月平均价格均高于 2018 年度收购价。其中，7 月和 8 月同比高出 0.065 元/斤和 0.073 元/斤（表 2 - 27）。

表 2-27　2019 年玉米粮商逐月平均收购价格及同比（元/斤）

年份	1月	2月	3月	4月	5月	6月	7月	8月	9月	10月	11月	12月	平均
2018年	0.90	0.93	0.95	0.92	0.91	0.91	0.90	0.89	0.91	0.92	0.93	0.94	0.92
2019年	0.94	0.94	0.93	0.93	0.94	0.95	0.96	0.96	0.95	0.94	0.94	0.92	0.94
同比	0.039	0.002	-0.012	0.016	0.021	0.040	0.065	0.073	0.047	0.024	0.010	-0.021	0.024

二、生产情况

山东省玉米种植面积和种植结构基本稳定，2018—2019 年度玉米总收获面积小幅减少，单产及总产略减。2019 年，玉米亩生产成本较 2018 年基本持平，夏玉米收获后开秤价格同比小幅上调，但受价格波动调整及市场需求恢复缓慢的影响，农户收益较 2018 年同比持平或略降。就产量下降而言，干旱和台风是造成减产的主要原因。6 月中旬至 7 月下旬，高温天气多，加剧各地旱情发展。据 7 月 1 日卫星遥感监测，山东省农田干旱面积约为 1 065.9 万亩；8 月 10～12 日，受台风"利奇马"影响，山东省平均降水量为 176.8 毫米，鲁南、鲁中和鲁西北东部等地出现大于 250 毫米的特大暴雨，阵风达 8～11 级，造成夏玉米倒伏，部分农田内涝。据灾情统计，夏玉米成灾面积为 569.9 万亩，绝收面积为 154.2 万亩。

整体来看，夏玉米全生育期山东省平均气温 23.1 ℃，较常年偏高 1.1 ℃；山东省平均降水量 454.8 毫米，较常年偏少 6.5%；与常年同期相比，除鲁西北东部、鲁中部分与鲁南局部地区偏多以外，大部地区均偏少。其中，半岛大部，鲁西南与鲁中的局部地区偏少 30% 以上。从降雨的时期分布来看，除 6 月上旬、8 月上中旬与 10 月上旬偏多以外，其他各旬均偏少。

分生育时期来看，2019 年夏玉米播种，大部分时段高温少雨，旱情发展较快，部分旱薄地夏玉米无法播种或出苗困难；三叶期至拔节期降水偏少，部分地区高温日数较多，半岛、鲁中东部与鲁西南等地旱情持续，夏玉米长势总体偏弱；抽雄吐丝期降水丰沛，为夏玉米生长提供充足的水分，但台风"利奇马"造成部分夏玉米倒伏，农田内涝，东营、滨州等地市部分地块绝产绝收；灌浆乳熟期的中前期光照充足，大部地区土壤墒情适宜，夏玉米气候适宜度与上年同期持平或偏好；成熟收获期，光温条件总体适宜夏玉米收获晾晒，霉变少，毒素低。

三、市场情况

（一）玉米购销情况

1 月至 2 月上旬，农户及贸易商积极出售，企业积极备库。春节前农户的变现意愿强烈，在 1 月下旬开始新一轮价格上调。其间，粮农现粮出手积极，企业库存普遍达到较高的安全水平。截至 2 月，山东省玉米售粮进度在 45％～47％，同比基本持平。小年临近，玉米的市场购销逐渐减少。截至春节，市场总体售粮进度偏慢。春节过后天气转暖，对潮粮储存不利，基层种植户售粮意愿强，市场供应逐步增加，但贸易收购主体入市意愿较弱。饲料加工企业库存普遍维持高位，下游需求不畅。玉米市场整体供给宽松，市场价格阶段性承压下行。3 月是春节后粮农的第一次售粮高峰期，各地现粮持续供应市场，玉米消费市场需求不畅，短期内市场供应相对宽松，成本支撑玉米市场价格；从消费端来看，市场整体回暖缓慢，需求不畅，企业采购积极性不高，收购价格大体维持平稳，收购价格震荡走弱。

4 月，玉米走势整体偏强运行，市场活动主要集中在贸易商和企业之间的购销，农户的售粮活动较少，余粮见底；5 月，猪料市场持续低迷，禽料等其他饲料支撑市场，国内玉米现货价格基本稳定，局部价格明显走强。5 月中旬前后，持续上涨行情激发基层贸易商出货心态，加工企业厂前到货量增加，库存逐步充裕。6 月，新麦大量上市，基层贸易对玉米购销热度明显降温；中旬前后，加工企业厂门到货持续偏少，提价吸引了东北粮大量流入。临储拍卖已完成六周，7 月中下旬，开始临储玉米开始大量供应市场。

7 月，流通渠道玉米库存较大，拍卖玉米价格优势不明显，成交率持续下降，截至 7 月 18 日，累计成交 1 750 万吨，成交率由首拍的 91％降至 7 月中旬的 13％。玉米出库速度远不如 2018 年，截至 7 月中旬，玉米累计出库量不足 300 万吨。8 月，供给基本维持稳定，临储拍卖成交率不断缩水，随着中旬异常天气对物流影响的恢复，山东省市场到货量稳步上升，新玉米集中上市前，市场供应宽松。9 月，新玉米零星上市，东北粮陆续到货，加工企业厂门到货量增加，价格止涨暂稳，多数企业以消化库存为主，拍卖和收购积极性均比较低。

10 月 17 日临储玉米最后一拍结束，2019 年度拍卖总成交量不足 2 200 万吨，较 2018 年相比明显下降，这对玉米市场价格有一定支撑。2019 年山东省玉米总产 1 900～1 950 万吨，出售进度同比变化不大，已完成出售玉米约占总量的 30％，则新玉米上市量约 580 万吨。10～11 月，山东省玉米市场总消耗约为 690 万吨，当地新玉米上市量占市场总消费的 84％，即 16％（约 110 万吨）的玉米需要外购。综合来看，前期拍卖成交未出库临储玉米、当地新玉米、东北玉米、周边省玉米同时供应市场，新玉米上市节奏与玉米市场需求节奏基本一致。东北玉米的减缓上市，对当地玉米市场价格起到了一定的支撑作用。需求端来看，深加工企业开工率保持平稳略增，企业谨慎备库；饲料企业按需采购，看量调价。基层购销活跃度一般，玉米购销保持相对平衡。

（二）加工环节

1月，春节来临，厂家积极采购备货，库存普遍处于较高的安全水平。深加工企业开工率较12月小幅下滑，下游玉米淀粉销售不畅，淀粉企业开工率降至7成以下；玉米酒精市场出现亏损，酒精消化玉米量略有下降，本月深加工玉米用量环比小幅下降。下游饲料玉米用量略有下降，禽料节前出栏较多，但补栏不积极；猪料市场，由于非洲猪瘟影响，存栏量继续减少，玉米消费小幅回落。2月包含春节，淀粉企业开工率降至4成，玉米原料补库不积极，玉米消化较上月明显下降；春节期间，饲料企业普遍停产1周左右，饲料加工企业库存普遍维持高位，下游需求不畅，供给上量而新增需求有限；猪瘟疫情不断扩散，猪料消耗下降超20%。此外节前禽类出栏较多，但禽苗紧张，养殖户补栏较慢，禽料小幅下降。3月，山东省加工企业开工率恢复到7成左右，玉米酒精开工率达到6成，深加工企业玉米需求接近正常水平，但走货不旺，加工利润不高；饲料玉米消费恢复缓慢，虽较2月有所回升，但较前期其他月仍明显偏低。非洲猪瘟导致生猪存栏量继续下降，猪料产销量同比下降3成以上，很多企业转向生产禽料，禽料生产相对稳定。

第二季度，下游市场需求好转有限，深加工企业开工率整体下降，截至6月，玉米淀粉及酒精企业开工率下降到57%左右；饲料企业玉米消费量连续下降。随着气温升高，禽料需求有一定程度下降，生猪存栏量继续下降，猪料需求同样疲软。

第三季度，7月深加工企业开工率总体维持较低水平，分行业来看，玉米淀粉企业开工率57%左右，环比基本持平。部分酒精企业陆续停产检修，开工率小下滑，玉米酒精开工率50%左右，较上月下滑明显。7月生猪存栏量继续减少，猪料需求不佳；高温天气抑制禽料玉米需求，饲料玉米总量窄幅下调。8月，深加工企业开工率总体继续下降，玉米淀粉企业开工率53%左右。玉米酒精行业停产检修企业增多，开工率总体在39%左右。猪瘟疫情继续影响生猪存栏量及能繁母猪存栏，生猪价格上涨明显，猪饲料玉米消费基本跌至谷底，禽料需求缓慢小幅回升。9月，深加工企业开工率总体回升，酒精行业加工利润回升。玉米淀粉下游市场拿货积极性较高，市场供需关系相对平衡，开工率达66.26%。下游养殖方面，随着生猪价格不断上涨，生猪出栏体重上升，自繁户补栏积极性较高，双重利好因素刺激猪饲料需求回升，但生猪存栏量处于低位；鸡蛋价格维持高位，禽料需求进一步回升，饲料玉米需求逐渐复苏。

10月，深加工企业开工率继续回升，国庆假期过后，原料玉米价格大幅

下跌，企业成本压力明显减弱，行业开工率继续提高，本月开工率达到
67.78%，原料玉米消费增长。生猪价格不断上涨，刺激猪料玉米需求继续回
升。猪肉价格带动肉鸡和鸡蛋价格上涨，肉禽养殖周期短，盈利丰厚，养殖户
补栏积极性较高，禽料需求也进一步回升。11 月，新玉米开始大量供应市场，
深加工企业开工率继续上调，淀粉企业利润水平尚可，开工率 69% 左右。11
月开始，生猪价格出现较大幅度的走低，散户生猪出栏积极性相对较高，部分
规模养殖场仍有压栏增重的操作，生猪养殖利润维持高位，饲料玉米需求保持
相对稳定。鸡蛋和肉鸡价格也呈现下滑趋势，淘汰鸡出栏量环比增加，但随着
新增产蛋鸡产能的释放，鸡蛋产能稳定。总体来看，深加工和饲料玉米需求继
续增加。

（三）山东省玉米消耗情况

2019 年玉米企业消耗统计 3 354 万吨，同比减少 9.30%。其中，深加
工玉米消耗统计量 2 235 万吨，同比微幅增长约 2.68%，饲料玉米消耗统计
1 059 万吨，同比减少 27.61%。2019 年山东省加工企业的玉米原料消耗同
比增加 60 万吨，消耗增长主要集中在 2 月、3 月、5 月、9 月、10 月、11
月、12 月。其中，12 月消耗增长明显，增幅达到了 17.76%，2 月、5 月和
11 月消耗增长幅度分别为 5.71%、5.78% 和 4.93%。饲用玉米消耗总量较
2018 年减少 404 万吨，逐月消耗同比均大幅减少。其中，2~8 月消耗同比
减少幅度均超过了 30%，3 月和 4 月的减少幅度分别达到了 35.61% 和
35.66%（表 2-28）。

表 2-28　2018—2019 年玉米企业消耗量及同比变化

月份	企业总消耗量			深加工消耗量			饲料消耗量		
	2018 年（万吨）	2019 年（万吨）	同比（%）	2018 年（万吨）	2019 年（万吨）	同比（%）	2018 年（万吨）	2019 年（万吨）	同比（%）
1 月	336	300	−10.71	206	204	−0.97	130	96	−26.15
2 月	289	261	−9.69	175	185	5.71	114	76	−33.33
3 月	324	281	−13.27	195	198	1.54	129	83	−35.66
4 月	310	256	−17.42	178	171	−3.93	132	85	−35.61
5 月	303	269	−11.22	173	183	5.78	130	86	−33.85
6 月	300	257	−14.33	180	173	−3.89	120	84	−30.00
7 月	290	247	−14.83	168	164	−2.38	122	83	−31.97
8 月	288	248	−13.89	163	161	−1.23	125	87	−30.40
9 月	309	279	−9.71	182	189	3.85	127	90	−29.13

（续）

月份	企业总消耗量			深加工消耗量			饲料消耗量		
	2018 年 （万吨）	2019 年 （万吨）	同比 （%）	2018 年 （万吨）	2019 年 （万吨）	同比 （%）	2018 年 （万吨）	2019 年 （万吨）	同比 （%）
10 月	326	297	−8.90	198	202	2.02	128	95	−25.78
11 月	311	310	−0.32	203	213	4.93	108	97	−10.19
12 月	312	349	11.86	214	252	17.76	98	97	−1.02
总计	3 698	3 354	−9.30	2 235	2 295	2.68	1 463	1 059	−27.61

　　关注东北玉米上量和外运情况；关注猪料市场的恢复情况；关注水稻、大麦对玉米的替代及进口替代品的数量及使用情况。在供给相对充足的形势下，关注市场价格变化指导粮农适时售粮，保障收益。

第三章

2020年山东省玉米市场供需报告

2020年玉米市场价格整体表现为持续上涨，除9月、10月价格小幅外，其他月都呈调涨变化，12月玉米价格涨至本年度最高点；玉米市场总消费量同比达4 000万吨，同比增长11.69%。其中，深加工消费同比增加182万吨，增幅7.93%，饲料玉米消费同比增加238万吨，增幅22.47%。

第一节　2020年山东省1月玉米品种市场月报

1月，山东省玉米市场价格环比整体小幅回落，价格回落集中在12月下旬，1月上旬价格小幅回调，之后保持平稳；玉米企业平均收购价0.971 7元/斤。当前市场余粮4成左右，主要集中在农户手中；消费市场恢复缓慢，随着天气转暖，市场供应增加，叠加需求淡季抑制，玉米价格继续承压（图3-1）。

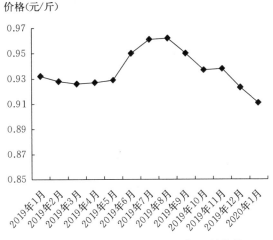

图3-1　2019年1月至2020年1月价格

注：价格为重点调查县市贸易商当地市场平均收购价格。

一、市场价格

截至1月中旬末，玉米市场逐渐进入春节模式，基层购销逐步停滞。山东省玉米市场价格在2019年12月28日前后开始出现下调，至2020年1月3日达到本时段新低，4日开始止跌回调，至1月15日达到高点，之后保持稳定运行。

1月，山东省玉米市场企业平均收购价0.971 7元/斤，环比微幅下调。企业平均最高收购价出现在1月15日，平均最高0.973 8元/斤；1月粮商平均收购价0.91元/斤，环比也小幅下调，下调幅度约25元/吨。粮商市场收购价在2019年12月27~31日和1月2日连续出现了两次下调，下调幅度分别为6.7元/吨和20元/吨。随着春节临近，市场购销量逐渐减少，自3日起市场停止购销，粮商交易价格保持不变。

潍坊高密大户信息员，春节前收购价一般在0.89~0.91元/斤。1月22日农户送饲料厂价0.92~0.93元/斤；菏泽郓城信息员，节前收购价0.88~0.92元/斤，优质优价；聊城莘县、滨州惠民农户信息员，节前价格0.89~0.92元/斤，节后处于封村状态，无交易；聊城莘县饲料厂和莱州六和饲料厂信息员，春节后均要求停工停产，节前莱州周边饲料厂散户收购价0.97元/斤，大车0.99元/斤；临沂市饲料厂信息员，节前饲料厂收购价0.95~0.955元/斤（图3-2）。

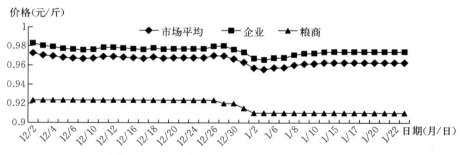

图3-2 2019年12月至2020年1月收购价格

1月中旬前后，企业在经过近两周的价格上调后达到1月的价格高点。各地企业价格调整环比涨跌不一，菏泽成武大地和枣庄恒仁工贸收购价格环比小幅上调，价格环比分别上调5.0元/吨和15.4元/吨；寿光金玉米和寿光新丰淀粉收购价环比分别下调30.3元/吨和38.3元/吨；昌乐盛泰和德州福源生物玉米收购价环比分别下调25.6元/吨和27.5元/吨。其他地区玉米企业收购价也表现出不同程度的下调。邹平西王和潍坊英轩酒精玉米的月平均收购价均在2 000元/吨以上，分别是2 012元/吨和2 003元/吨（表3-1）。

表 3-1   2020 年 1 月部分企业玉米收购价格及环比

项目	寿光	新丰	兴贸	润生	菏泽	枣庄	沂水	临清	西王	邹平	潍坊	昌乐	德州	滨州
2019 年 12 月平均（万吨）	1 959	1 963	1 984	1 984	1 881	1 981	1 949	1 884	2 026	1 987	2 014	1 971	1 927	1 935
2020 年 1 月平均（万吨）	1 928	1 925	1 968	1 968	1 886	1 996	1 943	1 870	2 012	1 982	2 003	1 946	1 899	1 918
环比（%）	−30.3	−38.3	−16.5	−16.5	5.0	15.4	−5.7	−13.8	−14.0	−4.3	−10.3	−25.6	−27.5	−16.9

二、生产情况

生产环节，价格低位，约 4 成的余粮在农户手中。随着天气转暖，存放难度加大，春节过后的 2～3 月，将迎来粮农的一次售粮高峰。从当前玉米市场的供需状态看，节后出现的第一次收粮高峰，价格维持弱势走低的局面。

三、市场情况

（一）玉米购销情况

1 月下旬开始，市场购销基本停滞。1 月上中旬，山东省玉米市场购销两不旺，企业以随用随采为主，囤货积极性不高。玉米价格在供需博弈中呈拉锯战状态，随玉米到货价震荡调整，没有明显的涨跌走势。上旬的雨雪天气导致的物流受阻，一定程度上促成了上中旬市场价格的缓慢攀升。春节前的 1 月上中旬，也是终端节前备货的关键时期，但节前售粮进度提速有限，一定程度上加大了春节节后现货市场的卖粮压力。玉米市场的供需整体处于弱势调整的状态。

从玉米行情来看，1 月玉米价格整体维持稳中偏强运行的态势。上旬出现的大范围雨雪天气，影响玉米购销，玉米价格窄幅上调，但上调幅度有限。由于贸易环节整体偏低，中间贸易商对后市看涨热情增强，下旬随着春节临近，全国玉米购销活跃度逐渐减弱。截至 1 月中旬，山东省深加工企业玉米收购价格为 1 890～2 030 元/吨，饲料企业价格为 1 880～2 020 元/吨。2 月，受需求市场恢复缓慢影响，玉米市场短期出现供大于需的局面，价格继续承压。

（二）加工环节

1 月，山东省加工企业开工率整体下滑。中旬开始，部分企业开始停机限产进入春节假期，市场供应量逐渐下降，玉米淀粉行业开工率继续下滑。截至 1 月，全国玉米淀粉行业周度开工率约 67.11%，较上月明显下滑。全国猪价深度盘整为主，各地涨跌频繁。随着春节假期渐近，终端消费略有好转，屠企有小幅提量动作，养殖端有见涨惜售情绪出现，屠企顺势推动猪价上涨。鸡蛋产量供应稍显紧俏，后期随着各环节备货结束，且外销逐渐转为内销，货源供应充足。受春节影响，本月深加工和饲料消费较上月明显减少。

（三）山东省玉米消耗情况

1月，企业玉米消耗总量约为291万吨，环比消耗明显减少，降幅16.62%；同比消耗小幅减少，降幅3.00%。其中，深加工企业消耗约为205万吨，环比消耗明显减少，降幅达18.65%，同比消耗微幅增长，增幅约0.49%；饲料市场方面，本月饲用玉米消费量约为86万吨，环比消费明显减少，减幅达11.34%，同比消耗也明显减少，减少幅度约10.42%（表3-2）。

表3-2　2020年1月玉米企业消耗量及同比和环比

项　　目	企业总消耗量	深加工企业消耗量	饲料企业消耗量
2019年1月（万吨）	300	204	96
2019年12月（万吨）	349	252	97
2020年1月（万吨）	291	205	86
环比（%）	−16.62	−18.65	−11.34
同比（%）	−3.00	0.49	−10.42

关注节后生猪产能的恢复情况及需求端恢复形势，关注后期玉米替代品的进口及其对现货玉米的替代情况。

第二节　　2020年山东省2月玉米品种市场月报

受粮源供给和运输不畅等影响，山东省玉米市场2月价格整体上调。贸易商平均收购价环比上调32元/吨；企业平均收购价环比上调约25元/吨。终端消费市场恢复缓慢，短期内玉米价格继续回落；长期来看，随着各地交通管制的解除，各地粮源持续供给市场，价格上涨承压（图3-3）。

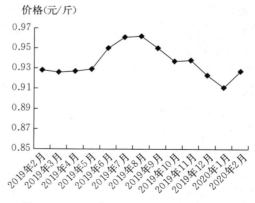

图3-3　2019年2月至2020年2月价格
注：价格为重点调查县市贸易商当地市场平均收购价格。

一、市场价格

2月，山东省玉米市场价格整体呈现上涨的变化，月初至17日前后，价格缓慢上调，18～20日，价格回落,21日经过一次小幅上调后又开始下滑。粮商月平均收购价0.9260元/斤,环比上调约0.0160元/斤;玉米企业月平均收购价0.9841元/斤,环比上调约0.0125元/斤。

企业日平均最高收购价出现在13～17日,日平均最高0.9891元/斤;粮商市场收购价在3日和6日分别出现了两次上调,上调幅度分别为13元/吨和23元/吨。经过两轮上调后粮商交易价格保持不变。

部分企业的调度信息:①聊城莘县饲料企业,春节过后玉米存在一段时间紧张,主要是交通管制,价格上涨到0.99元/斤,随着通行证的办理,现在车辆流通紧张局面明显缓解。同时,饲料需求减少,生产量下降,原料玉米价格回落至0.96元/斤。②莱州六和饲料,玉米收购价0.98元/斤左右。大车交易价格1.01元/斤左右。③菏泽郓城饲料厂,春节过后玉米供应紧张,价格上涨到0.985元/斤,粮点售粮积极性高,近期价格逐渐回落至0.945元/斤(图3-4)。

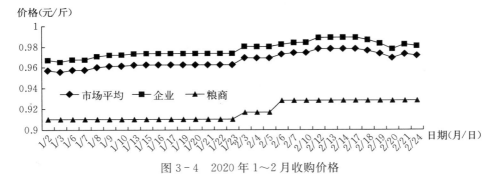

图3-4 2020年1～2月收购价格

各地企业价格调整环比涨跌不一,以上涨为主,仅昌乐盛泰和滨州金汇收购价出现小幅下调。其中,寿光金玉米、德州福源生物、潍坊英轩酒精和寿光新丰淀粉上涨明显,分别上调了44.02元/吨、49.07元/吨、53.54元/吨和63.24元/吨。枣庄恒仁工贸、邹平西王和潍坊英轩2月的月平均收购价均保持在2000元/吨以上,月平均收购价分别是2009.4元/吨、2015.9元/吨和2056.9元/吨。

表3-3 2020年2月部分企业玉米收购价格及环比

项目	寿光	新丰	兴贸	润生	菏泽	枣庄	沂水	临清	西王	邹平	潍坊	昌乐	德州	滨州
2020年1月平均(元/吨)	1928	1925	1968	1968	1886	1996	1943	1870	2012	1982	2003	1946	1899	1918
2020年2月平均(元/吨)	1973	1988	1977	1976	1904	2009	1949	1896	2016	1995	2057	1942	1949	1906
环比(%)	44.02	63.24	9.26	8.26	18.18	13.18	5.70	26.28	3.88	12.52	53.54	-3.71	49.07	-12.1

二、生产情况

市场流通不畅，农户手中余粮约3成以上，随着气温升高和运输恢复，3月迎来一次售粮小高峰。同时，随着天气回暖，农民陆续开始备耕备种和准备肥料购买等，变现意愿强。但是受到消费市场低迷的影响，玉米价格上行承压。

三、市场情况

（一）玉米购销情况

受疫情影响，2月上中旬，大部分地区处于封村封路的交通管制状态，市场购销清淡。终端消费产品市场恢复缓慢，对原料玉米的需求能力有限。少数企业在月初开始复工，但玉米收购困难，且价格持续上涨，2月17日前后，各地价格开始回落，当地玉米采购逐步进入正常节奏，省外一些饲料原料调运还存在困难。企业的玉米库存一般维持在10～20天。

截至2月21日，山东省深加工企业玉米收购价格为1 890～2 020元/吨，饲料企业价格为1 890～2 030元/吨。3月物流运输条件继续改善，农户售粮进度加快，整体价格维持震荡走弱的趋势。

（二）加工环节

2月上旬，复工的饲料企业较少，致使部分养殖户饲料购买难。同时，在元宵节之前，部分地区屠宰企业未开工且禁止活禽交易，养殖户继续喂养等也加重了饲料购买难的现象。春节期间停机的企业复工时间相继推迟，中旬开始，饲料企业陆续开工，开工率一般在50%左右；2月山东省加工企业开工率大幅下滑。同时，由于近期汽运运输不畅，玉米市场收购困难，企业原料供给紧张，出现生产线被动继续减产或停机的现象。

从原料玉米行情来看，本月受基层物流运输影响，上旬基层粮点购销处于停滞状态，中旬之后，企业库存逐渐减少，价格上涨，随着物流运输条件的改善，贸易商出货积极性增加，但都为年前存货，企业到货量增加，随后价格开始下调；从下游饲料需求来看，因原料供应出现阶段性紧张局面，下游饲料企业本月开工整体维持低位，部分企业停工或延迟开工。从养殖行业来看，春节后国内生猪市场整体呈现上涨态势，因为生猪出栏、调运受阻严重，市场实际可供应生猪有限，屠宰企业开工普遍较迟缓，但随着企业的陆续开工，供应紧俏形势愈发明显，猪价未跌反涨。

（三）山东省玉米消耗情况

2月，企业玉米消耗总量约为266万吨，环比消耗有一定幅度减少，降幅8.59%；同比消耗微幅增长，增幅1.92%。其中，深加工企业消耗约为185万吨，环比消耗小幅减少，降幅约 9.76％，同比消耗相同；饲料市场方面，本月饲用玉米消费量约为 81 万吨，环比消费小幅减少，减幅约 5.81％，同比消耗小幅增长，增幅约 6.58％。

表 3-4　2020 年 2 月玉米企业消耗量及同比和环比

项　　目	企业加工总消耗量	深加工企业消耗量	饲料企业消耗量
2019 年 2 月（万吨）	261	185	76
2020 年 1 月（万吨）	291	205	86
2020 年 2 月（万吨）	266	185	81
环比（％）	−8.59	−9.76	−5.81
同比（％）	1.92	0.00	6.58

密切关注疫情结束时间及其对后期玉米调运造成的影响；关注畜禽补栏情况；持续关注市场波动下玉米市场价格走势。

第三节　2020 年山东省 3 月玉米品种市场月报

3 月，山东省玉米市场企业收购价格 1～3 日上调，4～11 日明显下跌，12～18 日微幅下跌，19～23 日小幅上调。市场月平均收购价 0.963 1 元/斤，环比下调 0.009 3 元/斤。需求市场恢复缓慢，粮源供应相对充足，物流运输恢复情况一定程度上影响市场价格波动，短期内市场价格维持弱势震荡调整为主（图 3-5）。

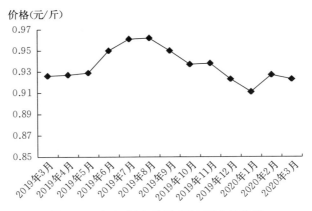

图 3-5　2019 年 3 月至 2020 年 3 月价格

注：价格为重点调查县市贸易商当地市场平均收购价格。

一、市场价格

3月，山东省玉米市场、贸易商和企业的月平均收购价分别为0.9631元/斤、0.9198元/斤和0.9724元/斤，环比分别下调约18元/吨、8元/吨和21元/吨。贸易商方面，4日收购价上调10元/吨，5日微幅下调后维稳，9日又出现10元/吨的涨幅后保持平稳运行；企业收购方面，2日和3日收购价分别出现约4元/吨和8元/吨的上调后，4日开始止涨下调，价格下调走势持续到18日前后，跌幅达28元/吨，19日开始价格又开始小幅上涨（图3-6）。

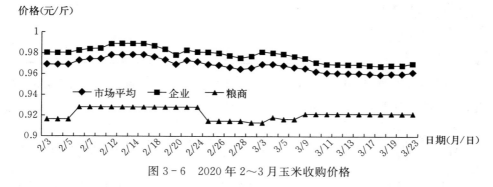

图3-6　2020年2～3月玉米收购价格

各地企业月均收购价调整环比涨跌不一，以下调为主。枣庄恒仁工贸、邹平西王、寿光金玉米、德州福源、潍坊英轩的月均收购价下调幅度达35～70元/吨。其中，德州福源和潍坊英轩分别下调54元/吨和66元/吨。滨州金汇和邹平华义的月均收购价小幅上调，分别约上调24元/吨和16元/吨。邹平华义月平均收购价在2000元/吨以上，达2011元/吨；临清金玉米和德州福源的月平均收购价较低，分别为1872元/吨和1890元/吨，其他企业的月平均收购价一般维持在1900～2000元/吨（表3-5）。

表3-5　2020年3月部分企业玉米收购价格及环比

项目	寿光	新丰	兴贸	润生	菏泽	枣庄	沂水	临清	西王	邹平	潍坊	昌乐	德州	滨州
2020年2月平均（元/吨）	1973	1987	1978	1977	1904	2005	1951	1896	2010	1994	2052	1943	1944	1907
2020年3月平均（元/吨）	1936	1964	1965	1956	1901	1969	1949	1872	1973	2011	1985	1925	1890	1931
环比（%）	−36.82	−22.74	−12.96	−21.03	−3.09	−35.99	−1.80	−24.32	−36.41	16.41	−66.33	−17.86	−54.09	23.78

二、生产情况

生产环节，山东处于小麦返青期至拔节关键生育期的管理，各地田间多进行浇水施肥的管理阶段。受疫情影响，多地的农村仍处于半封闭状态，农户手中余粮仍以春节前的穗玉米存放为主，截至 3 月 23 日，农村仍未出现脱粒出售的购销迹象。

6 月，迎来新一茬的夏玉米播种，从近期的现场调研和信息调度分析，2020—2021 年度的玉米播种面积可能出现小幅调减，但调幅不大，面积调减主要受大豆补助高的吸引而改种大豆。6 月 20 日滨州惠民县调研了解到，有连续几个农户将原有种玉米土地的一半左右改种大豆。其他地区的调度也出现少量调减玉米改种其他作物的现象。2019 年山东省玉米的播种面积调整范围在 3%～5%。

三、市场情况

（一）玉米购销情况

3 月上旬玉米购销量依然不大，但中旬之后，随着基层物流逐渐恢复，加上玉米含水量较高，农户售粮积极性增加，粮点收购开始上量，市场供应相对充足，中下旬玉米含水量逐渐下降，贸易商建库意愿增强，价格止跌企稳，部分地区开始反弹。下游终端消费恢复缓慢，加工企业库存逐步形成积压，收购玉米能力受限，深加工企业连续下调收购价格。养殖存栏量处于低位，饲料需求较弱，深加工企业开机率同比也处于偏低水平，对于推动价格持续上涨动力相对不足。气温升高，本地潮粮含水量逐渐降低，贸易商以收购低含水量玉米建库为主，随着玉米含水量降低和基层余粮持续消耗，将对价格底部形成支撑。截至 3 月 23 日，山东省深加工企业玉米收购价格为 1 890～1 990 元/吨，饲料企业价格为 1 880～2 040 元/吨。

（二）加工环节

3 月山东省加工企业开工率逐渐反弹，原料玉米供应恢复正常，前期停机的企业基本恢复正常生产，且负荷仍在继续提升，原料玉米按需采购，玉米淀粉供应量充足，但下游需求恢复的速度明显慢于生产企业，市场供应过剩，行业库存仍在继续累积；从下游饲料需求来看，随着基层物流运输逐渐放开，饲料企业到货量维持稳定。伴随对市场看涨预期增强，企业收购积极性提高，玉米库存水平上升。3 月生猪价格稳中偏弱运行，但调整幅度不大，北方猪源整体偏紧，但下游屠企因前期的持续亏损，压价意向不减，供需两端呈深度博弈状态，猪价小幅调整。

（三）山东省玉米消耗情况

3 月，企业玉米消耗总量约为 293 万吨，环比消耗有一定幅度增长，增幅

10.15％；同比消耗微幅增长，增幅约 4.27％。其中，深加工企业消耗约为201 万吨，环比消耗小幅增加，增幅约 8.65％，同比消耗微幅增长，增幅约1.52％；饲料市场方面，本月饲用玉米消费量约为 92 万吨，环比消费增长明显，增长幅度约 13.58％，同比消耗同样也有了明显增长，增幅达到了 10.84％。

表 3-6　2020 年 3 月玉米企业消耗量及同比和环比

项目	企业加工总消耗量	深加工企业消耗量	饲料企业消耗量
2019 年 3 月（万吨）	281	198	83
2020 年 2 月（万吨）	266	185	81
2020 年 3 月（万吨）	293	201	92
环比（％）	10.15	8.65	13.58
同比（％）	4.27	1.52	10.84

　　天气转暖，4～5 月迎来市场余粮集中上量，市场恢复依旧缓慢，关注市场供需结构平衡状态，关注疫情导致的市场购销后移和集中上量现象对市场价格波动的影响，关注生猪产能及饲料需求恢复形势。

第四节　2020 年山东省 4 月玉米品种市场月报

　　4 月，山东省玉米市场价格涨跌并存，整体呈上涨走势，市场月平均收购价环比上调约 94 元/吨。市场余粮见底，短期来看，企业收购价以强势震荡为主；长期来看，贸易环节粮源充足；同时，临储拍卖临近，市场总体供给充足，需求端恢复情况直接左右未来价格走势（图 3-7）。

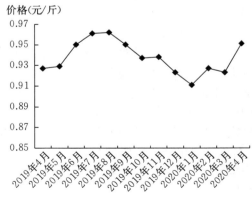

图 3-7　2019 年 4 月至 2022 年 4 月价格
注：价格为重点调查县市贸易商当地市场平均收购价格。

一、市场价格

4月，山东省玉米市场价格涨跌并存，整体呈上涨走势；市场月平均收购价环比上调约94元/吨。贸易商收购环节，收购价在4月2日和15日分别出现了两次小幅上调，上调幅度均为20元/吨，其他时间收购价保持平稳。月平均收购价1910元/吨，环比上涨约56元/吨，最高收购价达到1920元/吨；企业收购环节，收购价格自3月28日开始出现快速上涨且持续至4月7日，8～13日止涨并小幅下调后保持平稳，14日开始新一轮的上调，截至23日企业平均月收购价达到本月新高2100元/吨，4月企业的月平均收购价达到2052元/吨，环比上调约104元/吨（图3-8）。

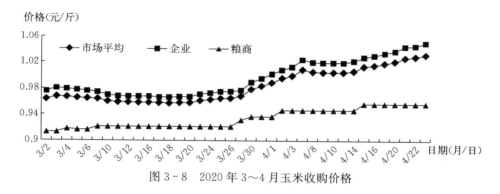

图3-8 2020年3～4月玉米收购价格

各地企业月均收购价均表现出大幅上调，上涨幅度在60～150元/吨。枣庄恒仁工贸上调幅度最大，收购价格环比上调达142元/吨，菏泽成武大地、临清金玉米和昌乐盛泰的月平均收购价格环比上调幅度也分别达到了125元/吨、133元/吨和125元/吨。23日各地企业收购价格又出现不同程度的上调，多地企业的收购价达到2100元/吨以上。其中，枣庄恒仁工贸和邹平西王的收购价均达到2160元/吨，邹平华义的收购价也达到2140元/吨。从月均收购价来看，枣庄恒仁工贸的收购价也突破2100元/吨的大关，达到2126元/吨（表3-7）。

表3-7 2020年4月部分企业玉米收购价格及环比

项 目	寿光	兴贸	菏泽	枣庄	沂水	临清	西王	邹平	潍坊	昌乐	德州	滨州
3月平均（元/吨）	1 940	1 963	1 910	1 984	1 951	1 883	1 980	2 015	1 983	1 936	1 901	1 927
4月平均（元/吨）	2 049	2 058	2 035	2 126	2 048	2 016	2 092	2 077	2 055	2 061	2 011	2 007
环比（%）	109.13	94.76	125.09	141.53	96.68	132.73	111.64	61.92	71.64	124.57	110.49	79.88

截至 4 月 23 日，山东省深加工企业玉米收购价格为 2 040～2 180 元/吨，饲料企业价格为 1 960～2 160 元/吨。

二、生产情况

再过约一个半月时间，山东省迎来小麦收获和玉米播种季。小麦长势良好，当前农户主要进行玉米播种的准备工作，肥料和种子购买等。从调研情况来看，2019 年的肥料和种子价格同比变化不大；从计划播种面积来看，各类经营主体的玉米种植计划无明显波动，2020 年度山东省夏玉米的播种面积调整幅度在 5% 以内。

三、市场情况

（一）玉米购销情况

从原料玉米行情来看，4 月玉米价格延续上涨趋势，供销双方博弈，下游厂家整体到货量维持低位，下游企业连续上调价格。基层购销不旺，看涨心态较重，出货意愿较弱，库存主要集中在粮商手中，仍处于卖方市场，价格易涨难跌，保持高位运行。

需求方面，淀粉副产品价格偏弱叠加粮源上涨，淀粉维持坚挺。生猪存栏持续保持环比增加，市场对饲料需求向好，企业收购连续两日厂门到货量持续维持低位支撑玉米价格，现阶段玉米市场面临供需失衡的局面，随着基层余粮基本出清，大部分贸易商挺价心态较强，暂无出货迹象，这也成为市场价格持续走高的主要原因。

（二）加工环节

4 月，山东省加工企业开工率继续微幅反弹，近期玉米市场惜售心理不减，深加工企业到货量不足，原料玉米库存下降。受到当前玉米供给紧张及成本压力高企的影响，后期玉米淀粉企业主动或被动降低生产负荷；从下游饲料需求来看，饲料企业玉米库存维持相对稳定，保持 10～15 天的安全库存，以随用随采为主，但随着玉米价格上涨，企业到货量较前期减少。

4 月，生猪价格继续维持稳中偏弱运行，国内终端消费始终处于低迷态势，产品走货缓慢，多数屠企深度亏损，运营艰难；伴随着国内疫情情况好转，学校餐厅及餐饮行业陆续开工，促进了淀粉下游产业消费，在淀粉行业下游需求产品普遍上涨的支撑下，淀粉价格易涨难跌。5 月，初生猪出栏量或有减少的可能，加之前期积压的肥猪已消耗完毕，市场报价出现小幅反弹。各地加快复工复产，家禽业产能迅速提升，商品鸡的流通运输和消费需求逐渐恢复，对饲料的需求也在稳步增加。

（三）山东省玉米消耗情况

4 月，企业玉米消耗总量约为 307 万吨，环比消耗呈小幅增长，增幅约

4.78%；同比消耗明显增加，增幅约 19.92%。其中，深加工企业消耗约为
209 万吨，环比消耗小幅增加，增幅约 3.98%，同比消耗增长明显，增幅约
22.22%；饲料市场方面，本月饲用玉米消费量约为 98 万吨，环比消费也小幅
增加，增长幅度约 6.52%，同比消耗同样也有了明显增长，增幅达到了
15.29%（表 3-8）。

表 3-8　2020 年 4 月玉米企业消耗量及同比和环比

项　　目	企业总消耗量	深加工企业消耗量	饲料企业消耗量
2019 年 4 月（万吨）	256	171	85
2020 年 3 月（万吨）	293	201	92
2020 年 4 月（万吨）	307	209	98
环比（%）	4.78	3.98	6.52
同比（%）	19.92	22.22	15.29

关注临储玉米拍卖时间和拍卖定价；关注消费端恢复速度，尤其是猪料市
场的恢复情况；在农产品流动性减弱的大环境下，关注替代品减少形势下的玉
米市场供需结构变化。

第五节　2020 年山东省 5 月玉米品种市场月报

5 月，玉米市场价格，上旬上涨明显，中下旬下调为主；企业平均收购价
环比上涨约 130 元/吨，最高收购价达 2 290 元/吨。受麦收腾库、进口谷物持
续到货及临储拍卖临近等影响，贸易商挺价心态松动加速出货，市场供需状态
进入暂时稳定期，玉米市场价格整体小幅震荡并趋于稳定（图 3-9）。

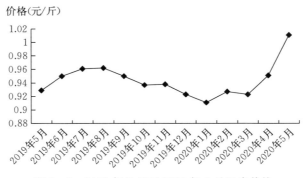

图 3-9　2019 年 5 月至 2020 年 5 月玉米价格
注：价格为重点调查县市贸易商当地市场平均收购价格。

一、市场价格

5月，山东省玉米市场价格环比明显上调，上旬上涨明显，中下旬震荡调整，整体以下调为主。贸易商收购价在7～9日连续3天明显上调，之后保持平稳。6日平均收购价1 950元/吨，9日平均收购价2 060元/吨，3天涨幅达110元/吨。5月贸易商平均收购价2 037元/吨，环比上调126元/吨；企业平均收购价，月初至10日明显上涨，10日平均收购价达到本月高点2 240元/吨。11～22日，除18日有微幅上调外，其他时段均表现为下调。5月企业平均收购价约2 204元/吨，环比上调约130元/吨（图3-10）。

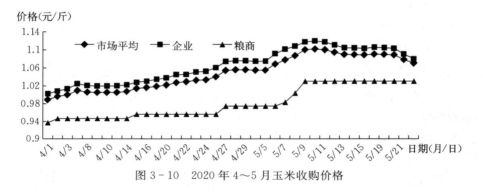

图3-10　2020年4～5月玉米收购价格

各地企业月均收购价均表现出大幅上调，上涨幅度在90～160元/吨。潍坊英轩上调幅度最大，月平均收购价格环比上调达160元/吨，沂水大地、滨州金汇和德州福源生物月平均收购价格环比上调幅度也分别达到151元/吨、144元/吨和140元/吨；企业最高收购价普遍出现在9～11日，枣庄恒仁工贸日收购价最高，达2 290元/吨；枣庄恒仁工贸、潍坊英轩、沂水大地、诸城兴贸、邹平西王、邹平华义和昌乐盛泰月均收购价均在2 200元/吨以上（表3-9）。

表3-9　2020年5月部分企业玉米收购价格及环比

项　　目	寿光	兴贸	菏泽	枣庄	沂水	临清	西王	邹平	潍坊	昌乐	德州	滨州
4月平均（元/吨）	2 073	2 077	2 066	2 150	2 070	2 047	2 118	2 094	2 074	2 085	2 030	2 029
5月平均（元/吨）	2 190	2 213	2 197	2 261	2 221	2 176	2 216	2 203	2 234	2 199	2 171	2 173
环比（%）	116.92	136.31	130.51	110.17	150.63	129.06	97.81	108.67	160.01	113.86	140.76	144.03

截至5月22日，山东省深加工企业玉米收购价格为2 140～2 240元/吨，饲料企业价格为1 990～2 220元/吨。

二、生产情况

5 月底处于待收备种的关键阶段，再有 2 周左右将进入小麦的集中收获期。农户手中玉米基本见底，2020 年夏播籽粒玉米面积波动不大，调整幅度在 3% 左右。

三、市场情况

(一)玉米购销情况

从原料玉米行情来看，5 月玉米价格维持先涨后跌的运行态势，月初贸易商挺价意愿依然较强，市场有效供应不足，价格维持上涨趋势，中旬之后，随着麦收临近，加上临储拍卖消息落地，利空玉米市场，贸易商出货意愿增强，下游企业到货量增加，各地企业库存得到有效弥补。临储拍卖在即，玉米市场价格两周以来连续下调，因为拍卖粮的品质以及成交出库时间等，短期内对市场购销影响不大，玉米价格下跌空间不大。深加工企业根据厂门到货量动态调整收购价格，从市场形势来看，贸易商再次占领优势地位，持粮贸易主体对玉米后市依然持乐观态度。

需求方面，生猪需求逐步恢复，饲料需求回暖趋势明显。随着复工、复产及复学，后期猪料端仍呈恢复性增加，6 月猪价迎来反弹，饲用玉米消耗有望增加，饲料企业以随用随采为主；下游玉米淀粉需求低迷，深加工企业加工利润亏损扩大，山东省主要企业的玉米淀粉加工利润为 −85 元/吨，淀粉企业库存充足，同时受检修停工及市场窄幅调整的影响，深加工玉米消耗呈缩减调整，接下来的 6 月继续呈下滑走势。

(二)加工环节

从下游深加工行业来看，5 月山东省淀粉行业开工率维持窄幅下调趋势，原料玉米价格不断上涨，在高成本及低需求的双重压制下，生产企业已经连续多月处于亏损状态，开工积极性逐渐下降，5～6 月是企业检修较为集中的时期，后期市场供应量或出现进一步下滑。

从下游饲料行业来看，5 月 1 日之后玉米供应量整体增加，饲料企业补库意愿较强，原料库存水平上升。5 月生猪价格先跌后涨，由于前期猪价持续深跌，养殖端惜售情绪渐浓，在供需深度博弈下，猪价全面上涨。虽然消费层面依旧疲软，产品走货缓慢，但在当前行情下，养殖端话语权明显偏重，市场反攻情绪强烈。

(三)山东省玉米收购情况

5 月，企业玉米消耗总量约为 301 万吨，环比消耗微幅下调，降幅约 1.95%；同比消耗明显增加，增幅约 11.90%。其中，深加工企业消耗约为

198 万吨，环比消耗小幅降低，降幅约 5.26%，同比消耗呈小幅增长，增幅约
8.20%；饲料市场方面，本月饲用玉米消费量约为 103 万吨，环比消费小幅增
加，增长幅度约 5.10%，同比消耗增长明显，增幅达到了 19.77%（表 3-10）。

表 3-10　2020 年 5 月玉米企业消耗量及同比和环比

项　　目	企业总消耗量	深加工企业消耗量	饲料企业消耗量
2019 年 5 月（万吨）	269	183	86
2020 年 4 月（万吨）	307	209	98
2020 年 5 月（万吨）	301	198	103
环比（%）	−1.95	−5.26	5.10
同比（%）	11.90	8.20	19.77

关注临储玉米拍卖价格及成交情况；关注进口谷物和新季小麦替代对玉米
市场供需形势的影响；关注复工复产复学对猪肉市场和猪料消耗可能带来的
影响。

第六节　2020 年山东省 6 月玉米品种市场月报

6 月，上旬市场价格基本稳定，中旬微幅上调，下旬上涨明显；企业月均
收购价环比上涨约 12 元/吨，贸易商现粮月均收购价环比上涨约 40 元/吨。物
流运输影响临储拍卖玉米快速、持续的供给市场，短期内供需仍处于失衡状
态；随着拍卖出库量不断增加，市场供应偏紧局面得到改善，玉米价格出现高
位回落（图 3-11）。

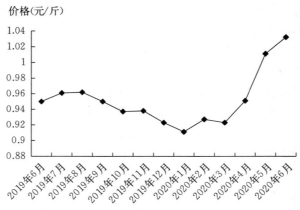

图 3-11　2019 年 6 月至 2020 年 6 月玉米价格
注：价格为重点调查县市贸易商当地市场平均收购价。

一、市场价格

6月，山东省玉米市场月平均交易价格环比变化不大，月初微幅上涨后随即小幅下调并保持平稳，中旬开始价格呈缓慢上涨的变化，下旬开始又呈较明显上调的变化。贸易商市场收购价在下旬出现两轮上调的变化，分别出现在20～22日和23～24日，两轮分别上调约90元/吨和17元/吨，截至24日收购价达2 166元/吨；企业收购价，上旬基本保持平稳，中旬开始微幅上涨，下旬开始调涨明显，20～24日上涨幅度达45元/吨，截至24日，企业平均收购价达到约2 260元/吨（图3-12）。

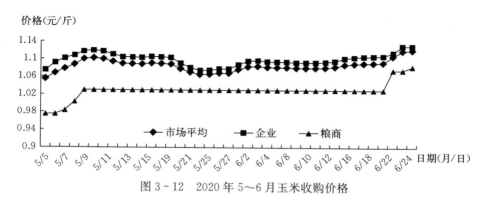

图3-12 2020年5～6月玉米收购价格

各地企业月均收购价涨跌不一，潍坊英轩、诸城兴贸、滨州金汇和沂水大地玉米月均收购价环比均有不同程度的下调，下调幅度在5～30元/吨；其他企业月均收购价一般表现为不同程度的上涨。其中，邹平华义月均收购价环比上涨幅度最大，达到50元/吨以上，临清金玉米和德州福源生物的月均收购价环比均上调了约32元/吨；多地企业的月均收购价都在2 220元/吨以上。其中，枣庄恒仁工贸的月均收购价最高，达2 274元/吨，24日单日收购价达到2 340元/吨。邹平西王、邹平华义24日的日收购价格也均达到2 300元/吨（表3-11）。

表3-11 2020年6月部分企业玉米收购价格及环比

项　　目	寿光	兴贸	菏泽	枣庄	沂水	临清	西王	邹平	潍坊	昌乐	德州	滨州
5月平均（元/吨）	2 184	2 200	2 181	2 251	2 202	2 167	2 205	2 196	2 222	2 188	2 158	2 162
6月平均（元/吨）	2 209	2 182	2 185	2 274	2 173	2 199	2 234	2 247	2 217	2 209	2 190	2 138
环比（％）	25.16	−18.11	4.38	22.46	−28.46	31.95	29.21	50.95	−5.16	21.10	31.41	−23.90

二、生产情况

6月，各地的玉米播种基本完成，近期降水较多，各地土壤墒情适宜，玉米出苗整齐，缺苗断垄现象少，苗齐苗匀。品种选择变化不大，较多地区仍以先锋系列的红轴为主。阴雨天频发及靠近沟渠和低洼的地块，玉米田有明显的蜗牛危害，早晚悬浮剂喷施可以较好地防治，能保证玉米苗的正常生长。受国家大豆种植补贴政策影响，部分小规模的种植大户改种大豆，调种其他作物的较少。玉米总播种面积调幅在5%左右。

三、市场情况

（一）玉米购销情况

从原料玉米行情来看，6月玉米价格维持先稳后涨的趋势。6月中上旬，中间贸易商陆续出货，下游厂家库存水平尚可，企业根据自身情况，价格窄幅调整，供需相对平衡，主流价格基本维持稳定；下旬随着临储玉米拍卖持续维持高成交和高溢价，市场看涨心态增强，贸易商出货积极性减弱，下游厂家开始上调收购价格。从市场行情来看，高涨的猪肉价格支撑养殖饲料企业；对于玉米深加工企业而言，合理的安排停机检修是降低风险的最佳选择。

虽然高粱、大麦的进口继续保持较高的进口速度，但由于其所占体量过小，对原料消费市场的冲击较小，短期内企业继续面临高价的玉米市场。截至6月24日，山东省深加工企业玉米收购价格为2 130～2 320元/吨，饲料企业价格为2 020～2 340元/吨。

（二）加工环节

从下游深加工行业来看，6月山东淀粉行业开工率继续窄幅下调，原料玉米价格维持偏强运行，原料供给、成本及资金问题始终困扰着玉米淀粉生产企业，但高额的原料却难以向下游转嫁，企业生存空间越来越受限。企业已亏损数月，若后期原料及资金问题没有明显缓解，停机减产的企业逐渐增多。

从下游饲料养殖行业来看，生猪价格6月连续上涨，从供应端来看，导致猪价持续拉涨的主要原因是养殖单位的压栏惜售，造成市场供应量极度紧张，屠企采购成本、采购难度不断增加，被迫跟调结算价格。从需求端来看，持续上涨的猪肉价格掣肘终端消费，经销商拿货积极性欠佳，屠企白条订单量不断下滑，企业深度亏损，压价意向转浓，但由于养殖端齐心看涨，压价难度略大。鸡蛋终端需求疲软，天气状态不佳，下游环节拿货积极性不高且抵触高价成交，各环节余货增多，本月鸡蛋价格震荡走低。

（三）山东省玉米消耗情况

6月，企业玉米消耗总量约为305万吨，环比消耗微幅上涨，涨幅约

1.33%；同比消耗明显增加，增幅约 18.68%。其中，深加工企业消耗约为
195 万吨，环比消耗微幅降低，降幅约 1.52%，同比消耗有明显增长，增幅约
12.72%；饲料市场方面，本月饲用玉米消费量约为 110 万吨，环比消费小幅增
加，增长幅度约 6.80%，同比消耗增长明显，增幅达到了 30.95%（表 3 - 12）。

表 3 - 12　2020 年 6 月玉米企业消耗量及同比和环比

项　　目	企业加工总消耗量	深加工企业消耗量	饲料企业消耗量
2019 年 6 月（万吨）	257	173	84
2020 年 5 月（万吨）	301	198	103
2020 年 6 月（万吨）	305	195	110
环比（%）	1.33	−1.52	6.80
同比（%）	18.68	12.72	30.95

临储拍卖玉米持续供应市场，关注拍卖玉米出库供应市场节奏可能对玉米
价格走势的影响；关注后期拍卖玉米溢价成交情况；关注玉米苗期病虫灾害和
天气变化对玉米生长的影响。

第七节　2020 年山东省 7 月玉米品种市场月报

7 月，玉米市场价格涨跌并存，整体表现以上涨为主。企业月平均收购价环
比上调 92 元/吨，现粮平均收购价环比上调 107 元/吨。频繁的降水影响政策粮
运输和有效补市节奏，贸易商持粮意愿强，短期内市场仍表现为粮源供给紧张
的状态；长期看，政策粮有效供给将引导价格持稳并逐步回调（图 3 - 13）。

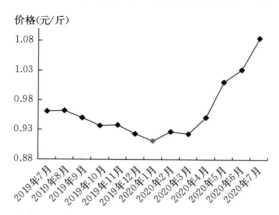

图 3 - 13　2019 年 7 月至 2020 年 7 月玉米价格
注：价格为重点调查县市贸易商当地市场平均收购价格。

一、市场价格

7月，山东省玉米市场月平均交易价格呈现出先微幅下调后止跌上涨的变化。截至24日，贸易商收购价前期保持平稳，24日出现一次明显上调，日上调幅度达63元/吨，24日贸易环节现粮平均收购价达2267元/吨。贸易商月平均收购价环比上调约107元/吨，但有储存条件的农户较少，现粮环节有价无市；企业收购价，上旬开始持续6月29日前后开始的下调走势，7月7日开始止跌回调，至24日持续保持不断上调的走势，24日企业平均收购价达2370元/吨。企业月平均收购价环比上调约92元/吨（图3-14）。

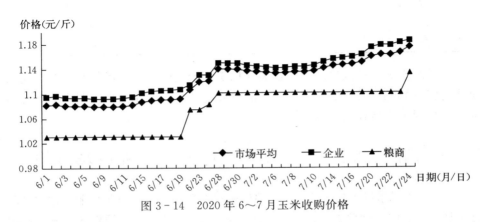

图3-14　2020年6～7月玉米收购价格

各地企业月均收购价环比均有明显上调。其中，昌乐盛泰、寿光金玉米、潍坊英轩、和邹平西王月均收购价环比上调均超过了100元/吨，枣庄恒仁工贸上调幅度最小，上调也达到62元/吨，菏泽成武大地月均环比上调74元/吨，诸城兴贸环比上调87元/吨，其他地区企业月均收购价环比上调幅度一般在90～100元/吨。24日，昌乐盛泰、寿光金玉米、邹平西王、邹平华义、枣庄恒仁工贸和临清金玉米的日收购价均达到了2400元/吨以上。24日各地企业的日收购价保持在2270～2450元/吨（表3-13）。

表3-13　2020年7月部分企业玉米收购价格及环比

项　目	寿光	兴贸	菏泽	枣庄	沂水	临清	西王	邹平	潍坊	昌乐	德州	滨州
6月平均（元/吨）	2 222	2 199	2 199	2 283	2 189	2 209	2 247	2 257	2 235	2 225	2 201	2 152
7月平均（元/吨）	2 337	2 286	2 273	2 346	2 281	2 303	2 352	2 354	2 349	2 347	2 299	2 246
环比（%）	115.44	86.79	74.00	62.22	91.89	94.16	105.00	97.30	114.24	122.37	98.11	93.83

二、生产情况

当前,玉米生长处于关键的小喇叭口期至大喇叭口期前后,各地受播期不同的影响略有差异。小喇叭口期,雌穗即进入伸长期,雄穗进入小花分化期;大喇叭口期,中早熟品种叶片数 10 片左右,晚熟品种叶片数 12 片左右,棒三叶甩开呈喇叭口,雌穗进入小花分化期,雄穗进入四分体期。玉米大喇叭口期是需水关键期,也是根系生长发育的重要时期,有效降水为该时期的玉米生长提供了水分保障。同时,大喇叭口期也是病虫害高发的关键时期,应注意蚜虫、蓟马及锈病等一系列病虫害的发生情况和防治工作。

三、市场情况

(一)玉米购销情况

从原料玉米行情来看,7 月玉米价格维持先稳后涨的趋势。7 月上旬,华北地区玉米价格进入相对平稳期,主流价格维持稳定,个别价格窄幅调整。进入中下旬,受临储拍卖持续高成交和高溢价的提振,玉米价格再次开启快速上涨模式,下游企业玉米收购价格再创新高,高点突破 2 400 元/吨的关键位置。截至 7 月 24 日,山东省深加工企业玉米收购价格为 2 290~2 450 元/吨,饲料企业价格为 2 320~2 480 元/吨。

(二)加工环节

从下游深加工行业来看,7 月玉米淀粉行业开工率继续下调,山东省市场开工负荷继续下降,原料玉米价格上涨,虽然本月玉米淀粉和副产品价格上涨明显,但企业处于亏损状态,部分企业继续停产限产,以降低玉米消耗,短期行业开工率维持在低水平运行,深加工玉米消耗继续走低。

从下游饲料养殖行业来看,生猪价格本月价格延续前期上涨趋势。从供应端来看,7 月多数养殖场生猪计划出栏量较少,对生猪供应紧张局面暂无缓解作用。从需求端来看,当前终端市场无提振因素出现,猪肉需求量一般,屠宰企业宰量仍难上涨,局部地区或小幅下滑;7 月鸡蛋价格开启上涨模式,养殖单位在库存压力不大的情况下看涨信心增强。终端需求一般,但蛋价持续上涨,下游环节买涨心态转强,市场流通速度加快。因此,在市场供需利好支撑下,鸡蛋价格快速上涨。

(三)山东省玉米收购情况

7 月,企业玉米消耗总量约为 303 万吨,环比消耗微幅下调,调幅约 0.66%;同比消耗明显增加,增幅约 22.67%。其中,深加工企业消耗约为 190 万吨,环比消耗微幅降低,降幅约 2.56%,同比消耗有明显增长,增幅约 15.85%;饲料市场方面,本月饲用玉米消费量约为 113 万吨,环比消费小幅增加,增长幅度约 2.73%,同比消耗增长明显,增幅达到了 36.14%。

表 3-14 2020 年 7 月玉米企业消耗量及同比和环比

项 目	企业加工总消耗量	深加工企业消耗量	饲料企业消耗量
2019 年 7 月（万吨）	247	164	83
2020 年 6 月（万吨）	305	195	110
2020 年 7 月（万吨）	303	190	113
环比（%）	−0.66	−2.56	2.73
同比（%）	22.67	15.85	36.14

关注天气变化对政策粮运输供给的影响；关注玉米替代品的使用可能对玉米市场价格走势的影响；关注玉米生长关键阶段病虫害发生和防治情况。

第八节 2020 年山东省 8 月玉米品种市场月报

8 月初至 7 日，价格缓慢上调并维持高位，8 日开始价格快速下调，13 日开始以弱势下调为主。企业和现粮市场月平均收购环比分别上调 106 元/吨和 127 元/吨。临储大量出货直接影响市场价格走势，同时贸易商出货节奏加快，市场供应明显增加，短期内玉米市场价格保持弱势震荡调整，但大幅下跌的可能性不大（图 3-15）。

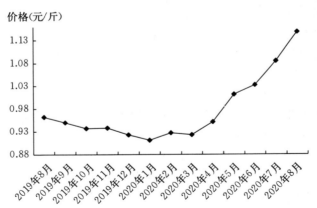

图 3-15 2019 年 8 月至 2020 年 8 月玉米价格

注：价格为重点调查县市贸易商当地市场平均收购价格。

一、市场价格

8 月，市场价格自 7 月中旬以来呈现快速上涨的走势，这轮价格上调持续至 8 月 7 日前后，企业月平均收购价在 7 日达到了该时期的最高点 1.254 元/吨，8～12 日，价格止涨并快速下调，13 日开始保持缓慢下调的走势。从现粮市场看，12～13 日价格出现了一次迅速上调，13 日较 12 日环比上涨了 0.035 元/斤，其他时间保持平稳；现粮市场粮商月平均收购价 1.178 元/斤，最高收购价 1.193 元/斤。从企业收购价格看，月初至 26 日，平均收购价表现为先升高后下跌的走势，企业月平均收购价 1.225 元/斤，最高收购价 1.254 元/斤（图 3-16）。

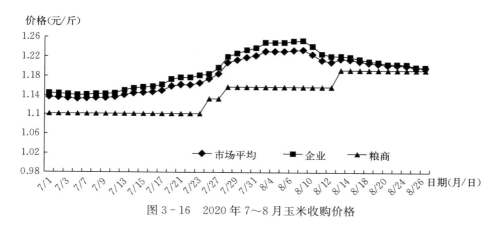

图 3-16　2020 年 7～8 月玉米收购价格

各地企业月均收购价环比均有明显上调，企业月平均收购价环比普遍上涨 100 元/吨以上，寿光金玉米、潍坊英轩、昌乐盛泰、滨州金汇和沂水大地玉米月均收购价环比上调 75～100 元/吨。其中，德州福源生物、菏泽成武大地月平均收购价环比上调均达到了 130 元/吨以上；企业收购最高价一般出现在 7 日前后，8 月上旬，各地企业收购价陆续达到最高点并保持 3～5 天的鼎盛期后即开始出现回调，各地企业最高收购价普遍在 2 420～2 560 元/吨。

表 3-15　2020 年 8 月部分企业玉米收购价格及环比

项　　目	寿光	兴贸	菏泽	枣庄	沂水	临清	西王	邹平	潍坊	昌乐	德州	滨州
7 月平均（元/吨）	2 378	2 303	2 290	2 379	2 300	2 349	2 376	2 377	2 370	2 386	2 340	2 271
8 月平均（元/吨）	2 455	2 420	2 422	2 492	2 399	2 466	2 483	2 484	2 451	2 475	2 473	2 369
环比（%）	76.79	116.52	131.23	113.09	99.88	116.28	106.69	107.05	80.90	89.53	132.23	98.57

二、生产情况

当前玉米生长多处于灌浆期至乳熟期，充足的水分和养分是该时期田间管理的关键。8 月以来，山东各地普遍出现降水天气，玉米水分供应充足，但是连续出现的阴雨天气，也可能在一定程度上影响玉米光合产物的形成，影响干物质的积累和籽粒产量的形成，后期可能的主要表现是皱缩粒、秕粒等；灌浆乳熟期的玉米，植株高度已长成，穗型也已基本形成，生长后期的倒伏对玉米产量影响严重，应密切关注天气变化，防范强降水和大风天气造成的玉米倒伏；当前秋作物病虫害已进入危害高峰期，也是防控的关键时期。要强化玉米螟、玉米穗蚜、叶斑病、锈病等病虫害的监测和防治。

三、市场情况

（一）玉米购销情况

从原料玉米行情来看，8月玉米价格维持先稳后跌的趋势。8月上旬，山东省玉米达到阶段性高位，逐步止涨企稳，供需相对平衡，主流价格维持稳定，进入中下旬，临储拍卖降温，市场看涨气氛减弱，贸易商出货意愿增强，加上部分地区春玉米开始上市，增加市场供应，玉米价格维持偏弱运行的趋势。进入9月，山东省新玉米陆续上市，供应量增加，价格依然维持偏弱运行。截至8月24日，山东省深加工企业玉米收购价格为2 320～2 460元/吨，饲料企业价格为2 360～2 540元/吨。

（二）加工环节

从下游深加工行业来看，8月，玉米淀粉行业开工率上行，虽然玉米淀粉及副产品市场行情弱势低迷，主副产品价格也不断下挫，但尚未影响工厂逐步提高生产负荷的积极性，多数企业生产线正常运行。

从下游饲料养殖行业来看，生猪价格经过连续两个月的上涨，进入8月，价格止涨企稳，维持震荡运行的局面。从供应面来看，规模场生猪体重小，压栏增重较多，实际出栏量偏少。需求面来看，鲜品猪肉价格高位运行，终端走货量始终难涨。9月，各地区高校陆续进入开学模式，对猪肉需求有小幅提振效果。8月，鸡蛋价格先跌后涨，从供应方面来看，淘汰鸡出栏量依然有限，且新开产蛋鸡数量逐渐增多，鸡蛋产量或呈增加趋势。从需求方面来看，随着库存压力降低，且天气转凉，鸡蛋存储时间延长，经销商备货意向提升。9月是开学季，食堂备货或推动市场流通加快，后期有中元节、中秋节利好提振，10月鸡蛋价格维持稳中偏强运行，同步提振畜禽饲料原料消费。

（三）山东省玉米消耗情况

8月，企业玉米消耗总量约为316万吨，环比消耗小幅增加，增幅约4.29%；同比消耗明显增加，增幅约27.42%。其中，深加工企业消耗约为200万吨，环比消耗小幅增长，调幅约5.26%，同比消耗有明显增长，增幅约24.22%；饲料市场方面，本月饲用玉米消费量约为116万吨，环比消费小幅增加，增长幅度约2.65%，同比消耗增长明显，增幅达到了33.33%（表3-16）。

表 3 - 16　2020 年 8 月玉米企业消耗量及同比和环比

项　　目	企业加工总消耗量	深加工企业消耗量	饲料企业消耗量
2019 年 8 月（万吨）	248	161	87
2020 年 7 月（万吨）	303	190	113
2020 年 8 月（万吨）	316	200	116
环比（%）	4.29	5.26	2.65
同比（%）	27.42	24.22	33.33

关注临储拍卖粮出库对市场供应和价格走向的影响；密切关注异常天气变化可能对玉米后期生产和产量的影响。

第九节　2020 年山东省 9 月玉米品种市场月报

9 月，玉米市场价格涨跌并存，上旬小幅下调，中旬微幅回升，下旬至 25 日又小幅回落；企业月平均收购价 1.176 3 元/斤，环比下调 0.043 9 元/斤。贸易商惜售，临储拍卖玉米及政策粮成为当前市场主体原料来源，原料替代一定程度上缓和玉米市场供给形势；短期内，新玉米产量及品质影响市场价格走势（图 3 - 17）。

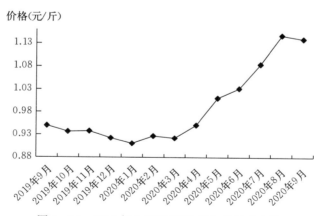

图 3 - 17　2019 年 9 月至 2020 年 9 月玉米价格
注：价格为重点调查县市贸易商当地市场平均收购价格。

一、市场价格

9 月，山东省玉米市场价格小幅涨跌，总体呈现跌-涨-跌的变化，波动幅度不大。上旬延续 8 月中下旬开始的下调走势，中旬开始小幅回升，21 日前后又表现出小幅回落。受价格整体回落影响，贸易商收益明显缩水，9 月 3～7 日，甚至出现了贸易商收购报价高于企业收购报价的现象，企业收购价大幅回落，致使贸易商惜售心理严重。贸易收购环节，在 8～9 日和 24 日分别出现了 2 次价格下调，下调幅度分别是 43 元/吨和 10 元/吨。贸易商月平均收购价 1.170 3 元/斤，企业月平均收购价 1.176 3 元/斤，平均价差仅 0.006 元/斤（图 3-18）。

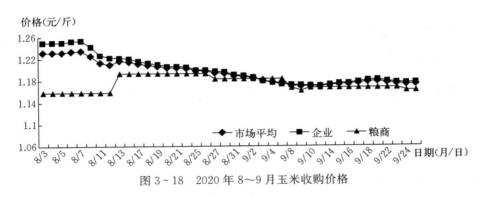

图 3-18　2020 年 8～9 月玉米收购价格

各地企业月均收购价环比均有明显下调，企业月平均收购价环比普遍下调 60～120 元/吨，临清金玉米下调幅度最大，达 123.5 元/吨；寿光金玉米、菏泽成武大地、枣庄恒仁、昌乐盛泰下调幅度也都在 100 元/吨以上；诸城兴贸、沂水大地、邹平西王、邹平华义、潍坊英轩和滨州金汇下调幅度较小，一般在 60～75 元/吨。邹平西王和邹平华义月均收购价保持在 2 400 元/吨以上，其他企业月均收购价一般维持在 2 300～2 380 元/吨（表 3-17）。

表 3-17　2020 年 9 月部分企业玉米收购价格及环比

项目	寿光	兴贸	菏泽	枣庄	沂水	临清	西王	邹平	潍坊	昌乐	德州	滨州
8 月平均（元/吨）	2 445	2 409	2 410	2 480	2 390	2 455	2 480	2 481	2 445	2 468	2 462	2 361
9 月平均（元/吨）	2 342	2 341	2 296	2 379	2 316	2 332	2 407	2 407	2 380	2 367	2 365	2 300
环比（%）	−103.5	−68.0	−113.7	−101.5	−74.2	−123.5	−72.7	−74.1	−64.6	−101.1	−96.8	−61.0

二、生产情况

零星小面积的春玉米已收获并陆续进入市场，山东南部地区夏玉米也于近一周开始陆续收获，大面积的玉米收获期一般在 9 月底至 10 月上旬，一般持续 14 天左右，因各地的雨水天气分布、播期和品种而定。

从当前玉米田间的生产情况结合调研数据来看，除部分地区授粉期出现连阴天导致授粉不良外，整体长势良好。普遍以稳产和小幅增产为主。玉米收获期的天气情况是影响收获进程和玉米质量的关键。15 天天气预报显示，至 10 月 9 日，山东天气以多云和阴天的天气为主，这在一定程度上可能会影响玉米灌浆完熟和后期脱水收获。

三、市场情况

（一）玉米购销情况

从原料玉米行情来看，本月玉米价格涨跌并存，环比明显下调。9 月初，华北地区春玉米继续上市，加上陈粮供应，市场供应相对充足，下游企业连续压价收购，价格持续下调。随着价格不断下探，加上贸易商普遍看好新粮价格，底部价格不断夯实。中旬开始，贸易商开始挺价，深加工门前到货量维持低位，下游厂家经过库存消耗，有一定补库需求，价格小幅回升，大部分加工企业依旧根据到货数量调整收购价。部分中储粮也陆续开始收购本地新粮，对市场价格有所支撑。

进入 10 月，山东省新玉米陆续上市，供应量增加，价格依然维持偏弱运行，但由于农户惜售，贸易商采购积极等因素，估计价格继续下调空间不大。截至 9 月 24 日，山东省深加工企业玉米收购价格为 2 290～2 460 元/吨，饲料企业价格为 2 340～2 500 元/吨。

（二）加工环节

从下游深加工行业来看，9 月玉米淀粉行业开工率继续上行，由于原料玉米价格下降，企业加工利润盈利空间扩大，近阶段企业一直维持在盈利状态，受原料玉米供应趋紧的影响，部分深加工企业上调玉米收购价格，但随着主副产品价格逐步上涨，成本压力向下游市场转移，厂家盈利相对稳定。

从下游饲料养殖行业来看，生猪价格维持震荡偏弱运行。供应面来看，由于上半月生猪出栏计划完成情况不理想，下半月养殖单位继续加大生猪出栏量，养殖企业走量为先。需求面来看，由于肉价仍处在相对高位，因此终端猪肉走货速度始终缓慢，生猪需求量有限。加之南方近期对大猪的需求减少，北方大猪南调难度加大，削弱北方大体重生猪的需求量。中秋、国庆双节对猪肉消费提振作用不明显，价格保持相对稳定。

（三）山东省玉米消耗情况

9 月，企业玉米消耗总量约为 325 万吨，环比消耗小幅增加，增幅约 2.85%；同比消耗明显增加，增幅约 16.49%。其中，深加工企业消耗约为

205 万吨，环比消耗小幅增长，调幅约 2.50％，同比消耗有一定增加，增幅约 8.47％；饲料市场方面，本月饲用玉米消费量约为 120 万吨，环比消费小幅增加，增长幅度约 3.45％，同比消耗增长明显，增幅达到了 33.33％（表 3-18）。

表 3-18　2020 年 9 月玉米企业消耗量及同比和环比

项　　目	企业加工总消耗量	深加工企业消耗量	饲料企业消耗量
2019 年 9 月（万吨）	279	189	90
2020 年 8 月（万吨）	316	200	116
2020 年 9 月（万吨）	325	205	120
环比（％）	2.85	2.50	3.45
同比（％）	16.49	8.47	33.33

密切关注近期天气变化可能对玉米收获、晾晒造成的影响；关注玉米收获后玉米市场价格走势。

第十节　2020 年山东省 10 月玉米品种市场月报

10 月，贸易环节价波动不大，企业收购环节价格涨幅明显，且呈现微调—小调—快调—微调 4 个阶段的变化特征。受含水量较高影响，新粮交易环节价格变幅不大，市场主要表现为贸易商和企业之间的博弈；随着新粮陆续上市及进口和替代原料增加影响，玉米价格涨势放缓或维持微幅震荡调整（图 3-19）。

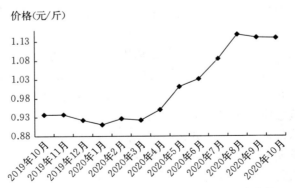

图 3-19　2019 年 10 月至 2020 年 10 月玉米价格
注：价格为重点调查县市贸易商当地市场平均收购价格。

一、市场价格

10月，山东省玉米市场贸易收购环节呈小幅调整，上中旬价格保持平稳，15～23日，出现了两次小幅上调，分别出现在16日和22日，日涨幅分别为13元/吨和30元/吨；贸易商月均收购价1.1675元/斤，环比下调0.0013元/斤，主要原因是新粮含水量较高影响市场交易；同时，9月上旬贸易收购持续高价，导致环比小幅下调；企业收购价一路上调，上旬微幅上调，10～16日小幅上调，16～19日快速上调，19～23日微幅震荡调整。其中，10～16日期间，日上调幅度10元/吨以上，16～19日期间，日上调幅度达27元/吨以上。企业月平均收购价1.22元/斤，环比上调0.0435元/斤。截至23日，企业平均最高收购价1.2611元/斤。贸易环节月平均收购价与企业环节月平均收购价价差0.0525元/斤（图3-20）。

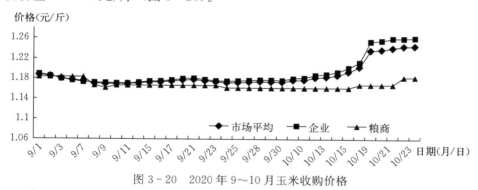

图3-20 2020年9～10月玉米收购价格

各地企业月均收购价环比均有明显上调，企业月平均收购价环比普遍上调35～140元/吨，临沂沂水大地玉米上调幅度最大，达140.6元/吨；诸城兴贸、枣庄恒仁工贸、潍坊英轩上调幅度也都在100元/吨以上；寿光金玉米、菏泽成武大地、临清金玉米、昌乐盛泰、滨州金汇上调幅度在75～95元/吨；邹平西王、邹平华义和德州福源生物上调幅度较小，一般在35～55元/吨。10月企业月均收购价，潍坊英轩月均最高达2515元/吨，菏泽成武大地最低，月均收购价为2373元/吨，其他地区企业月均收购在均在2400～2500元/吨；企业日收购价最高达2570元/吨（表3-19）。

表3-19 2020年10月部分企业玉米收购价格及环比

项　　目	寿光	兴贸	菏泽	枣庄	沂水	临清	西王	邹平	潍坊	昌乐	德州	滨州
9月平均（元/吨）	2 348	2 344	2 288	2 378	2 315	2 324	2 404	2 404	2 385	2 369	2 368	2 307
10月平均（元/吨）	2 423	2 462	2 373	2 481	2 456	2 417	2 441	2 441	2 515	2 448	2 422	2 403
环比（%）	74.91	117.75	84.24	103.01	140.62	92.15	36.92	36.92	129.61	79.30	54.09	95.54

二、生产情况

10月中旬前后，各地玉米陆续完成收获进入晾晒阶段，收获后山东省天气普遍晴好，阴雨天气不多，但受气温偏低的影响，晾晒脱水进程较慢，除直接售卖穗玉米的农户外，当前玉米处于整穗脱水阶段，脱粒出售的农户较少，也有部分无晾晒和存储条件的大户随行就市完成了玉米出售。受当前玉米价格形势大好的影响，具备存储条件的大户和散户种植农户，售卖意愿不强。

2020年以来，山东省玉米市场价格望好，夏玉米收获完成，一般沿袭常规的种植习惯连作小麦，进行其他作物种植调整的面积较小。

三、市场情况

（一）玉米购销情况

从原料玉米行情来看，10月玉米价格维持先稳后涨的趋势。月初新玉米陆续收割上市，新陈粮供应市场，但新粮始终没有集中上量，企业库存缓慢下降，随着库存被消耗，企业补库意愿增强，收购价格继续上涨，基层种植户观望情绪有所好转，出粮意愿增加。

东北产区玉米价格持续上涨也提振了华北市场，本月中旬各企业纷纷提价收购，玉米价格快速上涨，随着价格不断上调，贸易商出货意愿增强，企业玉米到货量逐渐增加，继续提价动力不足，但建库需求也使企业降价相对谨慎，收购价格呈高位区间调整，本月下旬玉米价格止涨企稳。

上市的本地新粮含水量仍偏高，低含水量粮源十分有限，企业建库仍存在一定难度。截至10月23日，山东省深加工企业玉米收购价格为2 440～2 570元/吨，饲料企业价格为2 390～2 600元/吨。

（二）加工环节

从下游深加工行业来看，10月玉米淀粉行业开工率明显提升。一方面，玉米淀粉现货价格的快速上涨转嫁了很大一部分成本压力；另一方面，副产品价格继续上调极大地减轻了生产企业的运营压力，成为促进企业盈利增加的重要因素。因此，尽管企业原料成本居高不下，但淀粉厂家盈利空间仍在不断扩大。

从下游饲料养殖行业来看，生猪价格延续9月的下跌趋势。从供应面来看，部分养殖场陆续放量，养殖场降价走量的现象较普遍。对于散户而言，猪价下滑后刺激散户出猪，卖跌不卖涨的心态再度显现，生猪供应量或较为充足。从需求面来看，生猪屠宰量有小幅上涨表现，但与供应量相比涨幅仍偏小。

（三）山东省玉米消耗情况

10月，企业玉米消耗总量约为349万吨，环比消耗小幅增加，增幅约

7.38%；同比消耗明显增加，增幅约 17.51%。其中，深加工企业消耗约为 224 万吨，环比消耗小幅增长，调幅约 9.27%，同比消耗有一定增加，增幅约 10.89%；饲料市场方面，本月饲用玉米消费量约为 125 万吨，环比消费小幅增加，增长幅度约 4.17%，同比消耗增长明显，增幅达到了 31.58%（表 3 - 20）。

表 3 - 20　2020 年 10 月玉米企业消耗量及同比和环比

项　　目	企业加工总消耗量	深加工企业消耗量	饲料企业消耗量
2019 年 10 月（万吨）	297	202	95
2020 年 9 月（万吨）	325	205	120
2020 年 10 月（万吨）	349	224	125
环比（%）	7.38	9.27	4.17
同比（%）	17.51	10.89	31.58

关注高价市场环境下新粮的上市节奏；关注东北玉米上市后市场价格走势；关注进口粮源和替代原料对山东省玉米市场的影响；关注猪料市场走势对饲用玉米消耗的影响。

第十一节　2020 年山东省 11 月玉米品种市场月报

11 月，企业收购经历了两轮涨跌，月平均收购价 1.28 元/斤；贸易收购环节出现了 3 次价格上调过程，信息站点月平均收购价 1.22 元/斤。农户和贸易环节惜售影响上量，市场整体供应偏紧局面持续；受企业加工刚性需求支撑影响，短时间内玉米收购价格持续稳中有涨的局面（图 3 - 21）。

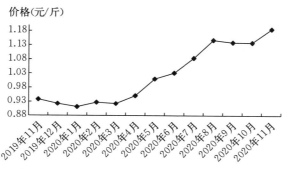

图 3 - 21　2019 年 11 月至 2020 年 11 月玉米价格
注：价格为重点调查县市贸易商当地市场平均收购价格。

一、市场价格

11月，山东省玉米市场价格涨跌并存。企业收购环节，月初价格涨至高点后开始下调，7～9日止跌微幅上调后，9～16日收购价又出现了连续一周的下调，17～25日，价格又表现为持续上调。企业月平均收购价约1.28元/斤，环比上调0.043元/斤，企业日平均最高收购价达1.312元/斤；贸易收购环节，分别在7～9日、17日和23日出现了3次价格上调，涨幅分别为77元/吨、27元/吨和23元/吨。调研信息站点月平均贸易收购价为1.218元/斤，环比上调0.046元/斤日平均收购价最高为1.247元/斤（图3-22）。

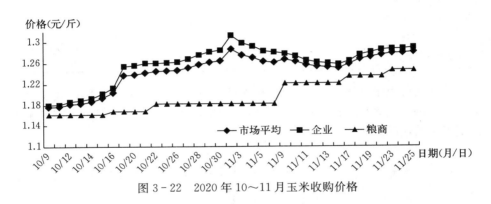

图3-22　2020年10～11月玉米收购价格

各地企业月均收购价环比均有明显上调，企业月平均收购价环比普遍上调60～125元/吨，滨州金汇收购价上调幅度最大，达122.9元/吨；邹平华义、邹平西王、德州福源生物、枣庄恒仁工贸的月均收购价上调幅度也都在100元/吨以上；菏泽成武大地、寿光金玉米、沂水大地和诸城兴贸的月均收购价上调幅度在80～100元/吨；昌乐盛泰、潍坊英轩和临清金玉米的月均收购价上调幅度相对较小，一般在60～75元/吨。11月，枣庄恒仁工贸和潍坊英轩的企业月均收购价均达到2 600元/吨以上，其他地区企业月均收购价均在2 500元/吨以上；企业日收购价最高达2 900元/吨（表3-21）。

表3-21　2020年11月部分企业玉米收购价格及环比

项　　目	寿光	兴贸	菏泽	枣庄	沂水	临清	西王	邹平	潍坊	昌乐	德州	滨州
10月平均（元/吨）	2 451	2 488	2 404	2 506	2 480	2 439	2 470	2 468	2 536	2 476	2 448	2 426
11月平均（元/吨）	2 546	2 570	2 503	2 609	2 566	2 500	2 577	2 577	2 606	2 549	2 553	2 549
环比（%）	94.76	81.88	98.63	103.26	86.11	61.71	106.67	109.17	69.31	72.53	105.15	122.86

二、生产情况

经过了一段时间的连续阴雨天气，同时受气温降低等因素的综合影响，粮农进行玉米脱粒的少，手中的玉米均处于存放状态。玉米收获以来价格的不断上涨，致使农户普遍惜售，加之新玉米含水量普遍偏高，市场上量少，整体处于供给紧张的状态。

持续偏高的玉米价格，一定程度上刺激和激励了农户的种粮积极性，综合国内外的玉米市场形势，2021 年山东省玉米的播种面积出现一定幅度的上调，调整幅度主要受种植习惯、收益保障和市场形势变化等综合因素的影响。

三、市场情况

（一）玉米购销情况

从农户角度来看，气温逐渐降低，存放相对容易，出售意愿普遍不高，仍出现春节前后集中售粮的现象；贸易环节，囤积粮的现象普遍，多地的贸易收购信息反馈，有一定存储库容的，当前以 1.24～1.25 元/斤（烘干粮，含水量 14%）的价格购进入库，再择时高价售出，这是企业不断调高收购价刺激厂门到货量的主要原因。

从原料玉米行情来看，11 月玉米价格呈先跌后涨的趋势。由于前期上涨幅度较大，月初达到阶段性高点，贸易商利润丰厚，出货意向增加，市场供应量增加，价格开始下跌，中旬贸易商出货积极性逐渐减弱，玉米价格逐渐止跌企稳，随着市场供应减少，加上天气的影响，玉米价格再次开启上涨通道。11 月价格已经接近前期高点，进一步上涨空间有限，价格维持高位窄幅调整。截至 11 月 24 日，山东省深加工企业玉米收购价格为 2 510～2 640 元/吨，饲料企业价格为 2 440～2 620 元/吨。

（二）加工环节

从下游深加工行业来看，11 月国内玉米淀粉行业开工率稳中上涨，玉米原料市场贸易商整体出货意向增强，市场供应量增加，深加工企业玉米库存得到补充，连续压价收购。由于原料供给量增加且价格重心下移，多数企业保持满负荷开工。

从下游饲料养殖行业来看，生猪价格维持稳中偏弱运行，从供应面来看，部分养殖场有压栏增重动作。与此同时，部分养殖场仍存在冲量现象。从需求面来看，前期猪肉价格随猪价上涨后，北方许多地区的猪肉订单量瞬间回落。12 月逐渐进入猪肉消费旺季，猪肉价格有望缓慢回升，猪料玉米消耗可能会继续增长。

（三）山东省玉米消耗情况

11 月，企业玉米消耗总量约为 361 万吨，环比消耗小幅增加，增幅约

3.44%；同比消耗有一定幅度的增长，增幅约16.45%。其中，深加工企业消耗约为230万吨，环比消耗小幅增长，增幅约2.68%，同比消耗有一定增加，增幅约7.98%；饲料市场方面，本月饲用玉米消费量约为131万吨，环比消费小幅增加，增长幅度约4.80%，同比消耗有大幅增加，增幅达到了35.05%（表3-22）。

表3-22　2020年11月玉米企业消耗量及同比和环比

项　　目	企业加工总消耗量	深加工企业消耗量	饲料企业消耗量
2019年11月（万吨）	310	213	97
2020年10月（万吨）	349	224	125
2020年11月（万吨）	361	230	131
环比（%）	3.44	2.68	4.80
同比（%）	16.45	7.98	35.05

应关注东北建库节奏对东北现货价格的带动作用，以及东北雨雪天气对东北玉米外运的影响；关注各类替代原料的增加对玉米原料供给紧张的缓解情况；关注山东省市场现粮上市节奏和市场价格走势。

第十二节　2020年山东省12月玉米品种市场月报

12月，月初价格小幅上调，5日开始价格整体呈微幅下调的变化；企业月平均收购价1.296元/斤，贸易收购月平均价格1.256元/斤。春节临近，市场现粮上量增加，粮商收购和企业收购均比较积极；企业消费出现小幅增加，刚需和备库加剧供给偏紧局面，短期内市场价格保持高位运行（图3-23）。

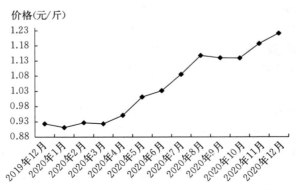

图3-23　2019年12月至2020年12月玉米价格

注：价格为重点调查县市贸易商当地市场平均收购价格。

一、市场价格

12 月，山东省玉米市场价格整体表现为先升后降。市场平均交易价格与企业月均收购价格走势完全相同，均表现为 1~5 日小幅上调，6~24 日微幅缓慢下调，25 日止跌回升。企业收购环节，12 月平均收购价 1.296 元/斤，环比上调 0.015 元/斤；贸易收购环节，12 月平均价为 1.256 元/斤，环比增长 0.034 元/斤。贸易收购价上调出现在 4 日，单日上涨幅度达 23.33 元/吨，其他时段保持平稳走势（图 3-24）。

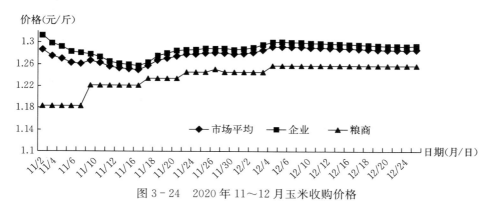

图 3-24 2020 年 11~12 月玉米收购价格

各地企业月均收购价环比普遍上调，企业月平均收购价环比普遍上调 15~60 元/吨，其中，临清金玉米、邹平西王、邹平华义和潍坊英轩月均收购价上调均在 50 元/吨以上，滨州金汇月均收购价上调约 35 元/吨，其他地区企业月均收购价上调幅度均小于 30 元/吨；昌乐盛泰月均收购价呈现微幅下调的变化（表 3-23）。

表 3-23 2020 年 12 月部分企业玉米收购价格及环比

项　目	寿光	兴贸	菏泽	枣庄	沂水	临清	西王	邹平	潍坊	昌乐	德州	滨州
11 月平均（元/吨）	2 548	2 571	2 505	2 612	2 568	2 505	2 580	2 580	2 609	2 550	2 554	2 552
12 月平均（元/吨）	2 564	2 590	2 523	2 638	2 587	2 563	2 636	2 636	2 662	2 549	2 569	2 587
环比（%）	15.73	18.76	17.69	25.51	19.38	58.02	56.32	56.32	53.37	−0.16	15.14	35.22

二、生产情况

玉米市场价格持续走高，供给偏紧。受一贯售粮习惯影响，春节前粮农变现意愿增强而有效增加现粮市场上量，按往年的同期来看，春节前出现一次集中售粮，上量与节前玉米市场价格走势密切相关。

受 2020 年玉米市场光景一片大好的影响，在保持原有玉米种植面积的前提下，2021 年山东夏播籽粒玉米的面积有小幅增长，增长幅度 5% 左右。国内外玉米市场形势值得密切关注。

三、市场情况

（一）玉米购销情况

基层种植户看涨心态浓厚，基层大规模上量仍未出现，饲料企业有节前备货需求，提价收购较为积极，玉米价格底部有所支撑，深加工企业根据到货量调整价格。雾霾雨雪天气及严查超重超载等均影响新粮流通，短时间内供应偏紧局面持续。下游企业受环保管制等影响，部分企业收购价格区间调整。

从原料玉米行情来看，12 月上旬，由于东北地区玉米价格上涨对华北市场形成较强的上涨预期，加上受雨雪天气的影响，贸易商出货减少，市场供应减少，价格上涨。由于华北地区多以潮粮购销为主，不宜做中长期库存，随着价格接近前期高点，贸易商出货增加，玉米价格达到动态平衡。中旬之后价格基本维持大稳小动的局面，价格变化不大。市场价格底部支撑较强，价格下跌空间不大，购销处于相对平衡。随着春节临近，企业有补库需求，价格稳中偏强运行，2021 年 1 月出现售粮小高峰。

截至 12 月 24 日，山东省深加工企业玉米收购价格为 2 510～2 650 元/吨，饲料企业价格为 2 540～2 660 元/吨。

（二）加工环节

从下游深加工行业来看，12 月中上旬玉米淀粉行业开工率依然稳中上调，下旬开工率略有下降，主要原因是个别企业受到大气环境治理因素的影响，生产负荷出现下滑，但据数据来看影响范围有限，行业供应依旧维持在高位运行，市场货源供应充裕。受供暖季大气环境治理严格影响，玉米淀粉行业开工率仍处于反复阶段。

从下游饲料养殖行业来看，12 月生猪价格维持稳中偏强运行的态势。供应面来看，150 千克以上大体重生猪紧俏，整体供应量越发紧张，养殖户出栏积极性有限；需求面来看，生猪屠宰量持续上涨，节前对生猪需求有强力的提振效果，下周需求量仍存上涨可能；整体来看，2021 年 1 月生猪价格有望延续稳中偏强运行态势。从饲料消费来看，玉米价格维持高位，禽料中小麦替代玉米普遍，一定程度上压制饲料玉米需求。

（三）山东省玉米消耗情况

12 月，企业玉米消耗总量约为 57 万吨，环比消耗微幅减少，减幅约 1.11%；同比消耗小幅增长，增幅约 2.29%。其中，深加工企业消耗约为 235 万吨，环比消耗小幅增长，增幅约 2.17%，同比消耗小幅降低，降幅约 6.75%；饲料市场方面，本月饲用玉米消费量约为122万吨，环比消费小幅减少，降幅约6.87%，同比消耗有大幅增加，增幅达到了25.77%（表3-24）。

表3-24 2020年12月玉米企业消耗量及同比和环比

项 目	企业加工总消耗量	深加工企业消耗量	饲料企业消耗量
2019年12月（万吨）	349	252	97
2020年11月（万吨）	361	230	131
2020年12月（万吨）	357	235	122
环比（%）	−1.11	2.17	−6.87
同比（%）	2.29	−6.75	25.77

关注春节前农户售粮小高峰对市场价格走势的影响；关注各类原料替代对缓解供应偏紧局面的作用；关注天气等因素对物流运输可能造成的影响，进而影响玉米市场原料供应和价格。

第四章

山东省玉米产业发展分析与展望

山东省玉米栽培隶属黄淮海夏播玉米区，是中国玉米最大的集中产区。山东省玉米 2010 年以来播种面积保持在 5 000 万亩*以上，2016 和 2017 年突破了 6 000 万亩。自 1949 年以来，山东省玉米播种面积整体呈持续增长的变化趋势，山东省玉米种植面积出现了两次迅速增长的时期，分别是 1970—1978 年和 2004—2016 年；1963—1991 年，单产表现出连续明显增长的走势，由 1962 年的 1 095 千克/公顷增长至 1991 年的 5 760 千克/公顷。年平均约增产 161 千克/公顷。1991 年之前，总产的增加是面积和单产综合增长的结果，1991—1996 年，面积增加是总产增长的主要因素，2003 年以来，单产提高对总产增长的贡献不大，种植面积增加是总产多年保持连续增长的主要因素。

第一节　山东省玉米产业现状及展望

一、面积、单产、总产

山东省玉米产业发展，具有得天独厚的地理优势和产业竞争优势，多年以来面积稳步增长，产量稳步提高。利用时间序列统计方法，分析山东省玉米面积、产量和单产的变化情况。综合分析后发现，政策是影响玉米面积波动的主要因素，而面积增长和单产提高是总产稳步增长的主要原因。

1962—1991 年，山东省玉米单产增长迅速，由 1 095 千克/公顷增长至 5 760 千克/公顷，呈直线上升。从长时间序列来看，山东省玉米总产量与播种面积变化趋势基本一致。从序列统计数据可以看到，1992 年、1997 年、2002 年单产及总产均出现了异常幅度的下降。其中，1997 年下降幅度最大，综合历史数据资料发现，3 个年份的单产及总产大幅下调均为灾害性年所致。1997 年减产的主要原因是高温干旱，单产由 1996 年的 5 710.05 千克/公顷降至 1997 年的 4 210.95 千克/公顷，减产幅度达到了 26% 以上，是总产和单产降

---

　　*　亩为非法定计量单位，1 亩≈667 米²。

低的主要原因（图 4-1）。

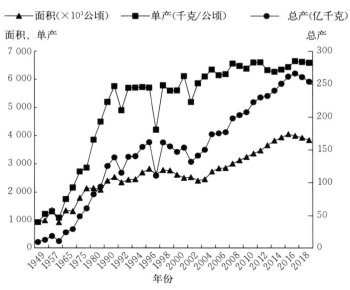

图 4-1 1949—2018 年山东省玉米种植面积、单产和总产变化

2010 年以来山东省玉米生产统计见表 4-1，2010—2019 年平均年均种植面积 373.707 万公顷，平均总产量 2 424.20 万吨，每公顷平均产量 6 486.68 千克，计 432.45 千克/亩。

表 4-1 2010—2019 年山东省玉米播种面积、单产及总产

年份	面积（万公顷）	单产（千克/公顷）	总产量（万吨）
2010	324.745	6 381.45	2 072.34
2011	337.059	6 604.65	2 226.16
2012	347.655	6 608.55	2 297.50
2013	366.309	6 333.45	2 320.02
2014	382.859	6 271.05	2 400.95
2015	394.381	6 352.80	2 505.40
2016	405.933	6 439.05	2 613.81
2017	400.013	6 655.20	2 662.15
2018	393.467	6 626.10	2 607.16
2019	384.647	6 594.45	2 536.53
平均	373.707	6 486.68	2 424.20

山东省玉米种植主要集中在鲁西、鲁南及胶东平原地区，种植面积较大的地市有菏泽、德州、聊城、潍坊，种植面积均超过 30 万公顷，德州和聊城每公顷产量均在 7 150 千克以上，菏泽市每公顷产量也接近 7 000 千克（表 4-2）。

表 4-2　2019 年山东省各地玉米播种面积、单产及总产

序号	地区	面积（公顷）	单产（千克/公顷）	总产量（万吨）
1	菏泽	536 733.33	6 996.03	375.50
2	德州	518 666.67	7 232.01	375.10
3	聊城	388 266.67	7 198.66	279.50
4	潍坊	328 600.00	6 235.54	204.90
5	滨州	297 200.00	5 908.48	175.60
6	济宁	264 266.67	6 879.41	181.80
7	临沂	247 933.33	6 433.18	159.50
8	青岛	235 400.00	6 563.30	154.50
9	济南	231 800.00	5 871.44	136.10
10	泰安	172 933.33	7 245.57	125.30
11	烟台	152 133.33	5 942.16	90.40
12	枣庄	125 200.00	6 533.55	81.80
13	淄博	112 000.00	6 580.36	73.70
14	东营	110 266.67	4 670.50	51.50
15	威海	62 933.33	4 703.39	29.60
16	日照	62 133.33	6 711.37	41.70

二、生产展望

2020—2029 年，预计山东省玉米播种面积调整幅度不大，整体将呈现出稳定略增的走势。从单产水平来看，因品种改良、基础设施改善和农技优化等有明显的提高，预计年均增长 2.5%；产量继续高位增长，预计 2029 年全国玉米产量将达到 3.38 亿吨，年均增长 2.7%。随着畜牧业养殖规模不断扩大、玉米深加工产品升级，国内玉米消费需求持续增长，到 2029 年总消费量将达到 3.27 亿吨，年均增长 1.7%。进口在 2020—2023 年将相对稳定，之后呈增长趋势，预计 2029 年玉米进口量将达到 648 万吨，仍保持在进口配额范围内。

2020 年前后，山东省玉米面积出现小幅度调减，但面积调整只是一个短期现象，接下来产量和面积逐渐恢复增长。2021 年及之后几年的重点是稳定玉米生产，进一步优化种植结构。展望后期，将力争保持玉米供求关系基本平

衡，坚持质量第一、效益优先，全面提高玉米竞争力和可持续发展能力，形成玉米全产业链各环节协调均衡发展的新格局。

总体上，2020—2029 年，山东作为产销区的双重省，将面对供求关系趋近的局面，但在市场机制作用下，产需缺口有望逐步缩小，供求关系将逐渐向基本平衡转变。

第二节　山东省玉米价格形势分析及展望

一、近 10 年来山东省玉米市场价格走势

自 2011 年 4 月以来，山东省玉米市场价格跌宕起伏。2011 年 4 月至 2015 年 7 月，山东省玉米市场平均价格保持在 1.2 元/斤左右；2011—2020 年的 10 年间，最高价格出现在 2014 年的 8 月。其中，2014 年 7～9 月价格保持在 1.3 元/斤以上。

自 2015 年 8 月开始，价格开始急剧下跌，尤其是 2015 年 8～10 月，价格出现悬崖式下跌，甚至在 2016 年 10 月跌至近年来最低值 0.75 元/斤。自 2020 年 4 月开始，山东省玉米市场价格整体上扬，至 2020 年 12 月，市场平均收购价涨至 1.221 元/斤（图 4 - 2）。

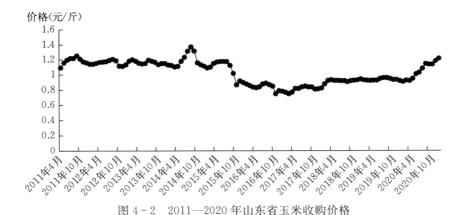

图 4 - 2　2011—2020 年山东省玉米收购价格

二、价格展望

从中长期看，中国玉米供求形势将继续趋紧，并可能持续存在产需缺口，推动玉米价格上涨。同时，玉米生产过程中的劳动力成本、土地成本以及生产资料成本上涨的趋势仍难以扭转，成本的不断抬升将对玉米市场价格形成支撑。

从国际市场看，在经历了 2015—2018 连续 4 年的下跌周期后，全球玉米正处于去库存阶段，未来国际玉米供大于求的状况有望得到缓解，国际玉米价格将在低价位上得到一定支撑，并对国内价格走势产生影响。因此，中国玉米市场价格进入短期的上升周期是必然趋势，接下来的一段时期内或将保持高位运行。

第三节　山东省市场消费形势分析及展望

一、2016—2020 年企业玉米消费

企业玉米总消费整体缓慢增长，2019 年总消费出现较大幅度减少，主要是由于非洲猪瘟疫情影响了猪料玉米消耗引起的；深加工玉米消费呈缓慢增长，5 年内平均增幅 5.01%；饲用玉米消费，2018—2019 年连续两年出现下调，2020 年开始小幅增加。2018 年和 2019 年同比减少幅度分别达到了 4.07% 和 27.61%（图 4-3）。

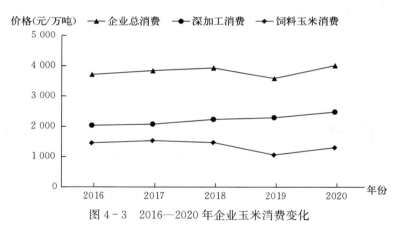

图 4-3　2016—2020 年企业玉米消费变化

2016—2020 年山东省企业玉米总消费及深加工企业和饲料企业玉米消费分别见表 4-3。山东省近 5 年企业玉米消费年均约 3 823 万吨，按上述山东省玉米年总产 2 424 万吨估计，每年的需求缺口约 1 400 万吨。

表 4-3　2016—2020 山东省企业玉米总消费量（万吨）

月份	2016 年	2017 年	2018 年	2019 年	2020 年	平均
1 月	312	329	356	320	311	325.60
2 月	221	253	309	281	286	270.00
3 月	252	278	344	301	313	297.60

（续）

月份	2016 年	2017 年	2018 年	2019 年	2020 年	平均
4 月	293	302	330	276	327	305.60
5 月	311	329	323	289	321	314.60
6 月	323	311	320	277	325	311.20
7 月	318	317	310	267	323	307.00
8 月	317	309	308	268	336	307.60
9 月	332	335	329	299	345	328.00
10 月	344	350	346	317	369	345.20
11 月	356	369	331	330	381	353.40
12 月	345	367	332	369	377	358.00
合计	3 724	3 849	3 938	3 594	4 014	3 823.80
同比（%）		3.36	2.31	−8.74	11.69	2.15

2016—2020 年，山东省加工企业玉米总消费年均 2 226 万吨，月均约 185 万吨；饲料企业玉米总消费年均约 1 358 万吨，月均约 113 万吨（表 4 - 4、表 4 - 5）。

表 4 - 4　2016—2020 年山东省加工企业玉米总消费量（万吨）

月　份	2016 年	2017 年	2018 年	2019 年	2020 年	平均
1 月	181	190	206	204	205	197.20
2 月	109	130	175	185	185	156.80
3 月	120	135	195	198	201	169.80
4 月	156	158	178	171	209	174.40
5 月	171	182	173	183	198	181.40
6 月	180	165	180	173	195	178.60
7 月	175	170	168	164	190	173.40
8 月	172	164	163	161	200	172.00
9 月	182	180	182	189	205	187.60
10 月	194	195	198	202	224	202.60
11 月	204	208	203	213	230	211.60
12 月	195	207	214	252	235	220.60
合计	2 039	2 084	2 235	2 295	2 477	2 226.00
同比（%）		2.21	7.25	2.68	7.93	5.02

表4-5　2016—2020山东饲料玉米企业玉米总消费量（万吨）

月　　份	2016 年	2017 年	2018 年	2019 年	2020 年	平均
1 月	111	119	130	96	86	108.40
2 月	92	103	114	76	81	93.20
3 月	112	123	129	83	92	107.80
4 月	117	124	132	85	98	111.20
5 月	120	127	130	86	103	113.20
6 月	123	126	120	84	110	112.60
7 月	123	127	122	83	113	113.60
8 月	125	125	125	87	116	115.60
9 月	130	135	127	90	120	120.40
10 月	130	135	128	95	125	122.60
11 月	132	141	108	97	131	121.80
12 月	130	140	98	97	122	117.40
合计	1 445	1 525	1 463	1 059	1 297	1 357.80
同比（%）		5.54	−4.07	−27.61	22.47	−0.92

二、消费展望

消费总量继续增长，但消费增速将放缓。收储制度改革后，玉米价格由市场决定。在改革之初，受高库存等因素影响，玉米价格明显下跌，下游企业成本大幅降低，加工企业开工率明显提高，经营状况迅速改善，同时新增产能增多，带动消费快速增长。

展望未来国内国际玉米消费市场形势，玉米消费将继续保持增长，但随着玉米去库存结束，供求关系趋紧，玉米价格回升，在市场机制作用下，玉米产销将形成新的平衡。同时，价格上升将抬高下游企业成本，玉米消费增速将放缓。主要包括以下几个方面。

（一）口粮消费稳中有增

随着生活水平的提高，城市居民健康消费的观念日益增强，对粗粮的消费稳步增加，玉米口粮消费的数量也将呈稳中有增的态势，但总量依然较少。

（二）饲用消费先降后增

短期内，非洲猪瘟疫情继续影响饲用玉米消费，但居民对猪肉产品有刚性需求，加上禽类、牛羊及其他养殖业继续保持稳步增长，饲用玉米总消费短期内将呈小幅下降。生猪产能恢复需要时间，在非洲猪瘟疫情影响结束后，玉米饲用消费将恢复增长。从中长期来看，城乡居民对肉蛋奶消费需求将依然保持增长，特别是农村居民人均肉蛋奶消费与城镇居民仍有不小差距，畜牧养殖业将继续发展，玉米饲用消费也将保持增长。

（三）工业消费增速放缓

在过去几年中，玉米工业消费是去库存的重要途径，深加工企业保持盈利状态。去库存结束，随着玉米价格逐步提高，深加工企业成本将呈上升趋势，挤压企业盈利空间，企业将逐步缩减开工率。深加工虽然处于较好的发展时期，但随着新增产能释放效应降低以及原料成本上升，增速会进一步放缓。

（四）种用消费稳中略增

随着玉米播种面积的增长，5~10 年，玉米种子用量将有所增加。同时，随着精量播种等先进技术的进一步推广应用，单位面积的用种量稳中趋降。

主 要 参 考 文 献

陈锡文，2016. 玉米补贴改革推行在即小麦稻谷跟进 [N]. 粮油市场报，3-1 (A01).

郭庆瑞，郭凤琴，殷建军，等，2018. 农业供给侧结构性改革下玉米产业的发展思路 [J].
　　安徽农学通报，24 (2)：40-41，112.

韩俊，2017. 农业供给侧改革须做好"稳调改补" [N]. 粮油市场报，3-30 (A01).

吕晓宇，2017. 浅析玉米供给侧改革对区域玉米价格的影响 [J]. 经贸实践 (19)：53.

农业农村部市场预警专家委员会，2019. 中国农业展望报告 (2019—2028) [M]. 北京：中
　　国农业科学技术出版社.

田殿彬，2020. 新时期玉米产业发展的问题及发展路径 [J]. 农业开发与装备 (7)：
　　41，43.

习银生，2018. 中国玉米产业供给侧结构性改革述略 [J]. 湖南农业大学学报 (社会科学
　　版)，19 (5)：19-26.

图书在版编目（CIP）数据

山东省玉米市场形势分析：2015—2020 / 刘淑云，张晓艳，李乔宇著 . —北京：中国农业出版社，2023.1
ISBN 978 - 7 - 109 - 30466 - 6

Ⅰ.①山…　Ⅱ.①刘…②张…③李…　Ⅲ.①玉米—作物经济—研究—山东—2015 - 2020　Ⅳ.①F326.11

中国国家版本馆 CIP 数据核字（2023）第 037265 号

中国农业出版社出版
地址：北京市朝阳区麦子店街 18 号楼
邮编：100125
责任编辑：廖　宁　文字编辑：李　辉
版式设计：杨　婧　责任校对：周丽芳
印刷：北京中兴印刷有限公司
版次：2023 年 1 月第 1 版
印次：2023 年 1 月北京第 1 次印刷
发行：新华书店北京发行所
开本：700mm×1000mm　1/16
印张：10.5
字数：200 千字
定价：58.00 元